JN074296

ギネス認定カメラマンが各国を歩いた、撮った!

世界の絶景空港撮りある記

チャーリィ古庄

イカロス出版

海外“空港旅行”への招待状〜 まえがきにかえて

飛行機写真を撮り始めて30年。国内・海外の空港を問わず、撮りたい機体や撮りたい絵があれば気の赴くままにどこへでも行っていた。それが２０２０年、新型コロナウイルスにより海外撮影ができなくなってしまった。

海外空港の魅力はその国のカルチャーや飛行機写真趣味を取り巻く環境、そして航空・空港事情などに関して新たな発見があることや、何より誰も見たことや撮影したことのないような絵を撮れる可能性があることだ。そうした魅力を日本の皆さんにも紹介したくて、これまでも著作や講演会などの場で伝えてきたが、今回は「世界の絶景空港」をテーマに、自然や都市風景、そして個性派空港などいくつかのカテゴリーに分類した「撮りある記」として執筆した。過去の著作で紹介した空港もいくつかあるが、できるだけ最新情報をお伝えしたいと考え、本書に掲載した写真には新型コロナウイルスの感染が拡大する直前の２０２０年初頭に撮影したものも含んでいる。

これだけ世の中に情報や映像があふれている時代でも、その場所に行ってみなければ実際の魅力や面白さは分からない。この本を読んでいただければ、実際に行った者だからこそ知りうることのできた海外空港の楽しさを感じていただけると思うし、読者の知的好奇心を刺激できるとも考えている。

また、インターネットの時代は情報が豊富である一方、誰が発信源なのか定かでない不確かな情報が飛び交っているのも事実である。本書に掲載しているのは、実際に著者が現地で見聞した体験をその場で撮った写真とともに紹介した空港ばかりなので、取材当時と多少状況が変化している可能性はあるものの、今後同じ空港に行くチャンスのある方にとっては参考にしていただける部分があると思う。

ところで、本書を執筆中の2020年秋の時点でコロナ禍は収束しておらず、日本から海外へは自由に渡航できる状況になっていない。今後も世界の航空需要がいつどれくらいの規模で回復するのか、そしてどれだけの航空会社がコロナ禍で生き残れるのかは不透明だ。以前のように気軽に海外旅行をできるようになるには、まだしばらくの時間が必要になるかもしれないが、本書を読んでいただくことで少しでも外国へ行った気分を味わっていただければ幸甚である。

最後に本書の企画・編集に多大なご協力をいただいた『航空旅行』編集部の佐藤言夫編集長に感謝申し上げます。

それでは世界の空港の撮影旅へ、テイクオフ！

2020年11月　**チャーリィ古庄**

マデイラ空港［ポルトガル］

Contents

第1章

世界のビックリ空港

高い安全性が求められる空港は平坦でスペースに余裕がある場所に作られるのが普通だ。しかし、離島や山岳地帯など、土地によっては空港適地を確保できない場合もあり、中には想像を絶するような環境や構造の空港があったりする。そんな「ビックリ空港」は撮影対象としても魅力的で、繰り返し訪れたくなるものだ。

マデイラ空港［ポルトガル］

G-TCDM

EUROPE

着陸機に手が届く!?

エーゲ海のビックリ狭小空港

スキアトス空港 ギリシャ

全長が約45mに過ぎないA321でもこのド迫力。地上から機体までの距離は10mあるかないかというところ。

経由地空港をデモ隊が占拠！

以前、拙著『世界のビックリ空港探訪記』（小社刊）で世界各地にある数々の風変わりな空港を紹介したことがある。海岸の砂浜が滑走路のバラ空港（イギリス）や山肌にへばりつくような危険な立地条件にあるテンジン・ヒラリー空港（旧ルクラ空港／ネパール）など、文字通りビックリするような空港ばかりだったが、その本の執筆までに現地に行くことができず、紹介もできなかったビックリ空港がある。それがスキアトス空港だ。

スキアトス空港は日本からは行きやすいとはいえないギリシャにある。ギリシャ行きのフライトと言えば、１９９０年代に成田〜バンコク〜アテネ線に就航していたギリシャのオリンピック航空を思い出すが、日本路線からは数年で撤退してしまった。以来、日本とギリシャを結ぶ直行路線は復活していない。

また、２００９年にはいわゆる「ギリシャ危機」が起き、財政悪化にともなう社会不安などを背景にデモが頻発するなど現地の治安も心配せざるを得ない状況に。欧州のニュースは日本であまり取り上げられない

スキアトス空港

超広角レンズで撮影しても画面からはみ出してしまった。着陸のタイミングで滑走路端を自動車が通過してゆくのにもビックリ。

ランウェイエンド近くの道路にある信号機。着陸機が接近すると赤になるが、この先にも駐車場や交差点があり、車が出入りしているのであまり意味がない。

傾向があるので情報が少ないのも観光客にとっては不安を増幅させることになった。

ただ、私は経済危機が過ぎ去った後の2013年に、風光明媚なことで知られるコーフ空港へ旅したことがある。ギリシャの離島の雰囲気や状況はなんとなくわかっているつもりだったので、就航便数の多い観光ハイシーズンである夏に狙いを定めてスキアトス島へと飛ぶことにしたのだった。

私は毎年のように欧州へ撮影旅行に出かけている。日の長い夏に訪れるようにしているが、この時（2019年）は夏休み期間中の8月ということもあって航空運賃は少々高めだった。長距離離線なので便利で快適なビジネスクラスを使いたかったが、完全に予算オーバーである。

そんな中で、唯一キャセイパシフィック航空の香港経由ローマ行きだけが、わりと安価にビジネスクラスを販売していた。キャセイを使えば同じワンワールドメンバーであるJALのマイルもたまるし、経由地が香港ならそれほど遠回りにはならない。そこでこの時の欧州行きはキャセイパシフィック航空で飛ぶことに

低いフェンスのすぐ向こうでは737-800がテイクオフパワー。カメラやスマホをかまえたギャラリーも、エンジンブラストの強さに堪らず顔をそむけてしまう。

ランウェイエンドでの着陸シーンが注目されがちなスキアトス空港だが、風光明媚なアプローチショットも撮れる。赤屋根に白壁の家並みが地中海的で美しい。

した。

２０１９年夏の香港はいわゆる「逃亡犯条例」への反対運動で大揺れに揺れており、観光客が激減していた。書き入れ時にもかかわらず、キャセイの運賃が安価だったのは、こうした社会情勢の影響を受けていたからだった。念のため、成田空港のチェックインカウンターで「香港空港の状況はどうですか？」とスタッフにたずねると、「落ち着いていますので大丈夫です」とのことで一安心。香港行きのボーイング７７７のフライトも快適だった。

ところがビジネスクラスの食事が終わるとコクピットから仰天するようなアナウンスが入ったのである。

空港の外から撮影しているとは思えないほど近い距離を737が180度ターンしてラインナップ。

「ただいま入った情報によりますと、香港空港で暴動が発生し、空港が閉鎖になりました。そのため当機は高雄空港に臨時着陸いたします。詳細は追ってお知らせいたします」

「なんてこった……。乗り継ぎ便に間に合うのだろうか？」と不安をかかえながら高雄空港で降機。この日はパスポートを預かられたまま高雄のホテルで一泊し、翌日同じ機材とクルーで香港へ向かった。香港空港へは無事に到着したものの、待機していたラウンジにまで空港へ押し寄せたデモ隊のシュプレヒコールが聞こえてくる。すでに多数の便が欠航しており、チェックイン業務も停止していた。セキュリティエリアに暴徒がなだれ込んだら空港機能が完全に停止すると従業員たちもおびえているようだ。

私が予約していた乗り継ぎ便は半日前に出発済みで、ローマからギリシャ行きのフライトにも乗ることができなくなってしまったが、そもそもいつ香港から出られるのかが分からない。ギリシャは遥か彼方だというのに、まさか東アジア内で身動きが取れなくなってしまうとは……。

そんな不安や心配に苛まされながらも、深夜のローマ行きのフライトが運航されるという朗報が飛び込んできた。さっそくローマからギリシャ行きの予約を取り直す。航空券の損害額は大きかったが、世界的なニュースにもなった大事件の真っ只中から脱出し、なんとかスキアトス空港へたどりつくことができただけでもラッキーだったと思うしかなかろう。

欧州のセントマーティン

ギリシャはＥＵに属している。ただ、これはコーフ空港を訪れた際にも感じたことだが、ＥＵで決められたセキュリティレベルや空港のスタンダード（規定）に対応しているのか疑問になるくらい条件の厳しい場所に空港が建設されていたり、空港のフェンスが容易に侵入できそうなほど低い場所があったりする。

このスキアトス空港もそうで、滑走路の南端は冒頭の写真のように着陸機が超低空で接近するうえに真下に一般道が通っている。一応道路には信号機があるものの、ドライバーは信号機をあまり気にしていないため着陸機の直下を乗用車が通り抜けることもある。さらにはフェンスが低く、またいで空港敷地内に侵入す

島内は起伏が多く、丘の中腹から狙えば空撮風の写真も撮れる。レンタカーで走り回って撮影ポイントを探すのも楽しかった。

るのも不可能ではなさそうだ。滑走路が長くないので、フェンスをこれ以上高くできないのかもしれないが、考えようによっては物騒である。

スキアトス島はエーゲ海北部にある約50㎢の小島で、面積的には八丈島よりやや小さい程度。八丈島空港に行ったことのある人なら分かるかもしれないが、この程度の面積の島にジェット機が就航可能な空港を設置するには場所に制約が生じるのはやむを得ない。

とはいってもリゾート地ゆえ欧州各地からチャーター便がやってくるスキアトス空港において滑走路の長さが約1600mというのはいかにも短い。八丈島空港（滑走路長2000m）と比べてもその差は歴然だ。

しかもスキアトス島には高い山があり、少しだけ海に突き出た半島との間にわずかな平地があるばかりである。滑走路は大規模な埋め立てでもしない限り延長することは不可能だろう。また、滑走路横には小高い丘や小さな湿地があるため、こちらも湿地を埋め立てたり丘を切り崩したりしない限り空港拡張は困難だ。こんな条件だからスキアトス空港は平行誘導路もなければ駐機場も狭い。就航するエアラインやパイロットの立場からすれば、せめて2000mくらいの滑走路

山の上から見下ろしたスキアトス空港。周囲にはほとんど平地がなく、空港適地とは到底思えない立地条件だ。

は欲しいだろう。

空港はギリシャで複数の空港を運営しているフラポートが担っている。同社は、ドイツのフランクフルト空港を中心に、ギリシャ、ブルガリア、スロベニア、ロシア、トルコ、ペルー、ブラジル、アメリカなど、世界有数の空港運営会社として知られる。空港の設備が貧弱な割には運営母体が巨大なことにもギャップを感じる。

スキアトスは滑走路すれすれに飛行機が降りてくることで有名になった空港だ。欧州の飛行機好きからは「ヨーロッパのセントマーティン」と呼ばれている。「セントマーティン」とは、海水浴客で賑わうビーチすれすれにジェット機がアプローチしてくることで世界的に有名なカリブ海のプリンセス・ジュリアナ空港のことである。

プリンセス・ジュリアナ空港が観光地になったように、スキアトス空港も観光名所になっており、迫力ある離着陸シーンを求めて飛行機好き以外も含めた観光客がわざわざ滑走路端までやってくる。ワイドボディ機も就航するプリンセス・ジュリアナ空港に対してス

ビーチにパラソルの花が咲き、海にはプレジャーボートが停泊する。地中海の一部を成すエーゲ海に浮かぶスキアトス島は欧州各地から観光客が集まる人気リゾート。

キアトス空港はナローボディ機しか就航していないものの、滑走路端の道路から機体までの距離はこちらの方が近い。平行誘導路がないため出発機は滑走路端で180度ターンする必要があるが、短い滑走路で離陸距離を少しでも稼ごうと、可能な限り端までタキシングしてくる。機体後部から滑走路端の道路に立つ人々までの距離は30～40ｍほどしかなく、迫力満点というよりはもはや危険とも言えるレベルだ。しかもフェンスの高さは腰くらいまでしかない。

また道路から頭上を通過する着陸機までの距離も10ｍ以下。日本でも迫力の着陸シーンを見ることができる伊丹空港の「千里川土手」が有名だが、機体までの距離は「千里川土手」の半分以下だろう。

さすがに安全とは言い難い環境なので、「危険／エンジン排気を避けるため離れてください」という英語の看板が掲げられているが、注意書きとは裏腹にギャラリーは大賑わい。滑走路端にはそんな飛行機客目当てのカフェまで営業していて、駐車場もあるので食事はこちらでお世話になることにした。

スキアトス島は、空港が目当てでなくても行く価値のある島だ。島の中心部は欧州らしく壁や屋根の色が統一された美しい街並みが印象的で、斜面が多いため歩いて散策するのが楽しい観光地。ギリシャの離島の多くがそうであるように、ここも「猫の楽園」で、路地裏には多くの「地域猫」が住んでいる。

空港周辺は砂利道が多く急坂もある。離島にありがちな古くてコンパクトなマニュアル車のレンタカーでシフトチェンジを繰り返しながら、起伏のある地形の中を走り回って自分だけの撮影ポイントを探すのも楽しみの一つだ。

宿泊先に選んだのは部屋数が40～50はあろうかという立派なホテルにもかかわらず、こちらもアクセスが悪く途中から細い砂利道となった。丘を越えて悪路を進んだ末にたどり着いたホテルには駐車場さえない。路上駐車が当たり前というのは欧州の田舎らしいが、宿泊施設に多少の不備があっても私の撮影旅行は空港の近くにあるというロケーションが重要で、そもそも旅は不便さや意外さを楽しむものと割り切っている。

スキアトス島では数日過ごし、滑走路端や丘の上からさまざまな絵を撮ることができた。島を一周できる道路はないものの、山道あり海岸線ありのドライブが楽しい。島内を巡ればわかることだが、少し高級なホテルに泊まりながらビーチやプールでのんびり過ごすのが本来のこの島の旅のスタイルだ。波も静かな湾内には小舟が泊まっており、斜面には別荘が建ち並ぶ。仕事からリタイアしてのんびり海を眺めながら余生を楽しんでいる人も少なくないかもしれない。日本人にはうらやましくなるような環境である。

ギリシャはスイスやドイツと比べていい加減と言うか、良い意味で社会的なゆるさがあり、それがまた旅行者にとっては心地よい。身も心も癒されるような毎日を過ごしているうちに往路に香港で足止めされたことをすっかり忘れていたが、帰国のためのフライトはもちろんキャセイパシフィック航空の香港経由。無事スケジュール通りに日本へ帰国することができるのか、スキアトス島を離れる頃にはすっかり現実に引き戻されることになった。

後ろ髪を引かれる思いのスキアトス島だが、今回は狙い通り南側からの着陸ばかりで満足できた。しかし、レアな北側からの着陸も狙ってみたいと欲が出てくる。どうやらスキアトス島と空港の魅力にすっかりとりつかれたようである。

EUROPE

天候抜群でリベンジに成功！

風光明媚な“恐怖の空港”

マデイラ（フンシャル）空港｜ポルトガル

高架橋で作られた滑走路の下を幹線道路が通る。滑走路適地のないマデイラ島の苦肉の策だ。

わずかな平地に滑走路建設

私は世界の主要空港を数年に　度は回り、新しい飛行機や航空会社の新塗装を撮影してストック写真をアップデートするようにしているが、「旅とは新たな発見」でもあるから、少なくとも年に一度くらいは未訪問の空港に行くようにもしている。WEBが発達して現地の様子を画像や動画、グーグル・ストリートビューで見られるようになっても、実際に現地に赴いて体験しないと分からないことは多い。昨今、「若者の旅離れ」という話題も耳にするが、時には不便を楽しむような体験をしながら、その場所の空気感を味わってほしいと思う。人々の暮らしやその国の歴史、産業など、現地に行くことで事前のイメージが覆されることも珍しくないからだ。

現地に行ってみないと凄さが分からない、という点ではポルトガルの離島にあるマデイラ空港（別名フンシャル空港）もその一つに挙げられるかもしれない。ここはポルトガル領だが、地理的にはモロッコの真西、つまりアフリカ大陸の北西の大西洋上にある。ポルトガルにとっては植民地であるとともに流刑地でもあった。流刑地にされるくらいだから交通は不便で、平地が極端に少ないため多くの人口を養える土地でもない。

そんな場所に空港を無理やり作ったものだから、滑走路は急斜面にへばりついているような格好で、しかもすぐ横は海。反対側は急な傾斜地となっていて民家が建ち並んでいる。滑走路より近隣の民家の方が標高が高い空港というのも珍しい。それでも島はリゾートとして発展していることから空港はジェット化を求められ、そのためには滑走路の延長が必要だった。しかし、空港には拡張できるだけの敷地的な余裕がない。

マデイラ空港

急旋回を終えて南側から最終進入態勢に入るイージージェットのA320。進入機とほぼ同じ高さに家屋や丘がある空港も珍しい。

結果的にできたのが、大都市の高速道路を連想させる巨大な高架橋の滑走路なのである。

　このような珍しい構造であるがゆえ滑走路周辺の気流状態が悪く、パイロット泣かせの空港にもなっており、アメリカの有名経済誌『フォーブス』にも「世界の恐ろしい空港」として取り上げられている。記事によると、強風と高い山、そして滑走路端の断崖が特に危険因子となっており、精密進入できる計器飛行方式もないことから、シミュレーターなどでこの空港に特化した訓練を受けたパイロットだけが離着陸できるのだという。他の世界的な旅行雑誌が選ぶ「危険な空港」ランキングでも常連になっている。

　マデイラ空港は拙著『世界のビックリ空港探訪記』でも触れているので、併せてご覧いただきたいが、以前に訪れた際は連日の雨に祟られた。まだフィルムカメラの時代だったのでISO感度も低く、当時は天候に恵まれないとなかなかいい写真が撮れなかった。そんな悔しさの残る訪問となったマデイラ空港は、いつかリベンジを果たそうと心に誓っていたが、その機会が2019年に訪れた。

滑走路の構造が特異なだけでなく、気流状態も特殊な空港であるため、専門の訓練を受けたパイロットだけが離着陸できる。

マデイラ諸島への道のりもわりと長旅だ。この時はフィンエアーを利用して「欧州最速ルート」として名高いヘルシンキ経由でまずはロンドン・ヒースロー空港へ向かった。ロンドンではヒースロー空港からガトウィック空港へ移動。というのは、マデイラ諸島のようなリゾート地へはメジャーエアラインの便数が少なく、LCCやリゾート路線を得意とするチャーターエアラインの多くはガトウィック空港に乗り入れているからだ。時間も手間もかかるが仕方がない。実はフィンエアーもヘルシンキからマデイラへ就航しているのだが、今回はタイミングが合わなかった。

マデイラ空港に到着すると、「VINCI（ヴァンシ）」のマークが空港のあちらこちらにあった。VINCIは関西、伊丹、神戸の大阪圏3空港を運営することでも知られるフランスの企業グループで、フランス国内のほか、カンボジア、チリ、ブラジルなど世界的にビジネスを広げており、ポルトガルでも10か所の空港を運営している。飛行機を機体ごとに撮影してコレクションする「スポッター」の活動にも理解があるのは飛行機趣味の盛んな欧州の企業らしいところ。世界にあ

展望デッキからエプロンに居並ぶ機体を眺める。手すりの位置は低く、搭乗橋もないので撮影はしやすい。日本には来ないエアラインばかりなのもワクワクする。

滑走路の端で180度ターンしてラインナップするブリティッシュ・エアウェイズのA320。滑走路端は断崖絶壁なのでオーバーランは絶対に許されない。

離陸機はそのまま直進すると丘に激突する恐れがあるため急旋回。背景の水平線を見れば、上昇しながら左へ翼を傾けている様子が分かるだろう。

るＶＩＮＣＩの運営空港で「世界スポッターデイ」を開催したり、私自身も関西空港でスポッターの説明や講師をしたりしたことがある。

そんなＶＩＮＣＩの運営空港だからというわけではないと思うが、この空港には欧州では珍しい展望デッキがあり、目の前にボーイング７３７クラスの機体がずらりと駐機し、滑走路の向こうの斜面に家屋が建ち並ぶちょっと不思議な空港風景を眺めることができる。ターミナルビルには搭乗橋がなく、旅客がタラップを乗り降りする様子は古き良き時代のワンシーンのようだ。

急坂のドライブが楽しい

前述のように、マデイラ空港に乗り入れるのはチャーターエアラインが多く、メジャーエアラインは少数派だ。欧州の航空利用者は、仕事の際はサービスの充実したメジャーエアライン、休暇の際はシートピッチが狭くても航空運賃が安いＬＣＣやチャーターエアラインに乗る、という具合に割り切っている人が多い。だからマデイラにはレアなチャーターエアラインが１時間に1～2便くらいはやってくるのである。

滑走路は１本で、敷地が狭いため平行誘導路も一部しかなく、出発機は滑走路の端で１８０度ターンしてから離陸滑走、着陸機も同様に滑走路端で１８０度ターンしてからスポットへ向かう。便数は少なくもなければ多くもないが、この空港の構造を考えると、あまり便数が多くなると受け入れ能力を超えてしまいそうだ。

こうした便数が多くない空港ではエアバンド（航空無線）受信による情報入手が必須になる。近年は「フライトレーダー24」という便利なウェブサイトがあるものの、表示されない機体があるので頼りすぎると撮り逃す恐れがある。また、早い段階で到着機の進入方向を知るためにはエアバンドのほうが確実だ。撮影に際しては常に風向きを気にながら滑走路脇の吹き流しをチェックし、そして到着機の交信が入電して自分の立ち位置と反対側へ降りると分かったときは、すぐさまクルマを走らせることになる。

移動のために走る道路は実に起伏に富んでおり、撮影ポイントまでは丘を越えて急坂を上り下りするようなドライブだ。欧州のレンタカーはマニュアル車が一般的であるため、左ハンドルの上にクラッチワークを駆使する必要があるが、クルマ好きの私にはこれも楽

空港ターミナルと離陸機を丘の上から見下ろす。ほとんど空撮のようなアングルだ。大西洋の彼方にはデセルタス諸島の無人島が見える。

しい体験の一つだ。また、滑走路の背景となる景色も海や畑、教会のある小さな街並みなど多彩で、さまざまなシーンを狙えるのがマデイラ空港の魅力。これに天候や光の向きと強さ、空の色といった自然条件を加味して絵作りしていく。この作業は楽しくもあり、難しくもある。せっかく「ここだ！」という撮影ポイントを見つけても、道路が狭くて駐車できなかったりすることもある。

マデイラ空港では、北からの到着機は草木の少ない荒涼とした雰囲気の半島の上を降下し、断崖に張り付いたような滑走路へ着陸してゆく。一方、南からの到着機は滑走路の延長線上に丘があるため、これを避けるために旋回してから着陸するのだが、その様子はかつての香港啓徳空港を彷彿とさせる。大型機の姿はあまりないものの、ダイナミックな飛行シーンを見ることもできるのだ。

日本でも海外でも離島を旅するときは、時間に余裕があれば車で一周してみることにしている。しかし、この島は前回訪問時にドライブしたことがあるのと、今回は幸いにも天候に恵まれたため、晴れの日が続く限り撮影に専念するつもりにしていた。ホテルも空港に近いサンタクルーズという街に取っている。

サンタクルーズは、規模は小さいもののビーチや石畳の道路がポルトガルらしく、雰囲気のいい街である。陽が暮れたあとは街を散策しながらレストランに行き、新鮮な魚介のスープとともに名物のマデイラワインをいただくのが滞在中の楽しみになった。欧州は国によって物価のばらつきが大きく、一般的に輸送費のかさむ離島は割高になるものだが、撮影中に食べるスナックやサンドイッチなどを仕入れようと立ち寄ったスーパーマーケットでは、軽食も飲み物も比較的安価なのがありがたかった。

マデイラ島で出会う人々は欧州の白人が大半で、アジア人の姿はほとんど見かけない。アジアからは距離的に遠い上、空港以外に特別ユニークな見どころがあるわけではないので、わざわざ足をのばす人などいないのだろう。

私は飛行機を撮影するという仕事柄あるいは個人的趣味のために、基本的には用事のない場所へ行くことがしばしばあるが、おかげで一般的な旅行者が訪れないような土地に足を踏み入れる機会が少なくない。そして、それもまた「飛行機趣味」の楽しみの一つなのではないかと思っている。

テイクオフするTAPポルトガル航空のA321を展望デッキから狙う。離陸機の後ろに住宅街があるという絵は他の空港ではなかなか撮れないだろう。

暑かった昼間の撮影を終えて飲む一杯は格別な味。名物の地ビール「コーラル」はのど越しすっきり。

CENTRAL AMERICA

「頭上すれすれ」といえばこの空港

カリブ海にある飛行機撮影の聖地

プリンセス・ジュリアナ空港

オランダ領シント・マールテン

マホビーチを越えて着陸するA340。エールフランス航空を狙うはずが、やってきたのは短命に終わった傘下のJOONカラー機。残念ではあるが、貴重な記録にはなったかも。

いまや世界的な観光地に

「ビーチで頭上すれすれを飛行機が通過する空港」と言えば、航空ファンでなくても「テレビで見たことがある」という人がいるくらい有名になったのがオランダ領シント・マールテン島にあるプリンセス・ジュリアナ空港。シント・マールテン島はカリブ海に浮かぶ小島で、日本では英語名の「セントマーティン」の方が通りがいいだろう。

　私がこの空港を初めて訪れたのは1990年代。当時、日本ではこの空港の存在を知る人はほぼおらず、お決まりのビーチの真上を飛ぶ飛行機の写真を見せると「上手く合成したね」と言われたり、「着陸誘導灯火がないので、こんな空港ウソに決まっている」と航空関係者からさえ疑われたりしたものだった。

　しかし、私自身が本やテレビで解説したりしているうちにだんだんと有名になってゆき、先日も「古庄さんの本を見てここを知り、新婚旅行で行ってきました」という人にもお会いした。海外空港を紹介してきた身には嬉しさとともに隔世の感がある。

　そんなセントマーティンへ、最近では2020年1月に訪れた。本来はもっと早くに訪れる計画だったのだが、2017年9月にカテゴリー5のハリケーン「イルマ」がセントマーティンを直撃。島内のインフラはもとより、空港やホテルもめちゃくちゃになってしまった。そこでインフラが修復されるまで計画を先延ばしし、ようやく2020年の年明け早々に再訪が実現したのである。新型コロナウイルスの発生が世界的なニュースになる直前のことだった。

　セントマーティンはカリブ海に無数にある島の一つで、アメリカ領プエルトリコから半円を描くようにド

プリンセス・ジュリアナ空港

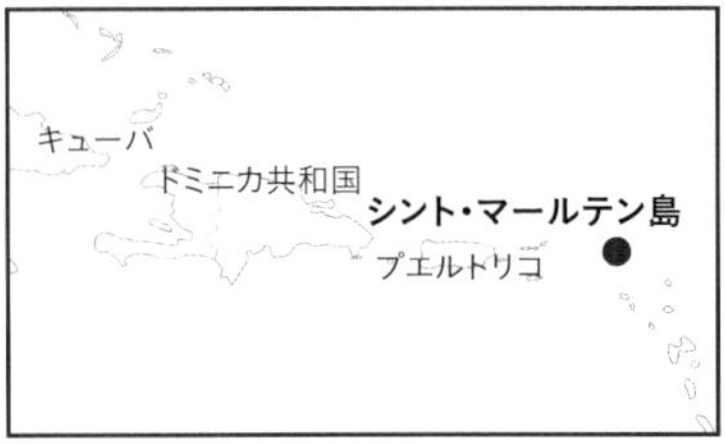

観光客でごった返すマホビーチ。水深が急に深くなるため泳ぎがあまり得意でない私は海に入ることはほぼないが、泳ぎに自信があれば水につかって飛行機を待つのもいい。

ミニカ、セントルシア、マルティニーク、バルバドスなどといった小さな島々がトリニダードトバゴ、そしてベネズエラに至るまで点々と続く。セントマーティンはプエルトリコから３００㎞ほど東に位置していて、カリブ海の島々の中でもわりと北寄りにある。

　このあたりはすぐ隣の島であっても別の国である場合もあれば、主権国家であったり欧米の海外県や属領であったりするなど統治形態がさまざまだ。セントマーティンも島の北半分がフランス領、南半分がオランダ領となっている。すぐ北にあるアンギラはイギリス海外領土、西へ１００㎞ほどの場所にはアメリカ領ヴァージン諸島、さらにその北にはイギリス領ヴァージン諸島といった具合でなかなか複雑である。同じカリブ海の島でも経てきた歴史がそれぞれ違い、文化や言語が異なるのも興味深い。

　以前、隣のサンバルテミー島（英語名セントバーツ島）へ飛んだことがあるが、この時もパスポート持参で出入国手続きが必要だった。ところが、同じセントマーティンの島内はというと南北で所属国が違うにもかかわらず物理的な国境線はなく、注意していないと見落としてしまうほどの目立たない看板があるだけ。

パリからやってきたＪＯＯＮ機をホテルのバルコニーから狙う。カリブ海らしくエメラルドグリーンに輝く海面にA340が影を落としている様が得も言われず美しい。

ホテルのバルコニーでミモザを飲みながらスタンバイ中。エアコンが効いた室内で待機することもできるので、値段は張るもののマホビーチに隣接したホテルは快適。

しかも島内では米ドルとユーロの二つの通貨が流通している。

そんなカリブ海の島々へ日本から訪れるのには時間がかかる。距離が遠いうえに、言うまでもなく直行便などないからだ。フライトの選択肢は複数あり、ニューヨークやヒューストン、アトランタなど経由地はいろいろだが、接続時間が悪くてアメリカで一泊せざるを得ないケースも多い。

2020年1月の旅では、デルタ航空が運航する成田~ラスベガス線の臨時便を利用。通常は運航されていないルートだけに空席が十分にあった。その後はアトランタを経由してセントマーティンへ。現地までは2ストップの長旅である。

ラスベガスまではエアバスA330で快適にフライトし、入国審査も国際線が少ないのでスムーズに終了。ここまでは順調だったのだが、国内線に乗り継いで飛んだアトランタの到着は深夜となった。次のセントマーティン行きは朝が早いので、空港外のホテルで宿泊するのは面倒で時間も無駄になる。そこで夜間はデルタ航空のラウンジで時間を潰す腹づもりでいたのだが、残念ながらアトランタ空港のラウンジは深夜に閉鎖、結局ターミナル内のソファで朝まで過ごすはめになった。

かつてはトップレスビーチ

プリンセス・ジュリアナ空港はわずかしかない島の平地に建設された。滑走路は1本で、10年ほど前にビーチとは反対方向の東側に滑走路の延長が行われ、現在の滑走路長は2300m。ただし、滑走路の東側には山があるため大型機の進入ができず、基本的に着陸はビーチ側から行われる。風向きに関係なくビーチ上を進入してくるのは機体を撮影する側としてはありがたい。西風の場合には、稀ではあるものの737やA320クラスの小型機がビーチ側に向かって離陸することがある。

セントマーティンで頭を悩ませるのがホテル選びだ。フランス側の中心地マリゴやその周辺、オランダ側の中心地フィリップスバーグには多くのホテルがあり、若い頃は低予算で泊まれる安宿を利用したりもしたが、齢を取るにつれて多少無理をしてでも便利が良く、設備水準も高いホテルを選ぶようになった。近年は空港周辺のホテルを利用することが多い。どうせ空港の近くに泊まるのならば、空港が見える部屋に宿泊したいと思うのは当然で、近頃ではホテルの位置や部屋のカテゴリーを入念に調査するようにもなった。

すっかり観光名所となったマホビーチ沿いには複数のホテルがあるものの、個人的な経験からすると最低でも一泊3万円以上出さないと良い部屋には泊まれない。それでも、灼熱の日にビール片手に部屋から撮影できれるとなればお値打ちだとは思う。また、ホテル内の敷地は部外者の立ち入りが禁じられていることが多いのだが、宿泊者ならば堂々と撮影ができる。

プリンセス・ジュリアナ空港の就航便数はそれほど多くなく、大型機は1日に2〜3往復程度で、残りは離島を結ぶDHC-6やBN-2アイランダーといったプロペラコミューター機がほとんどだ。その昔はエールフランス航空やKLMオランダ航空の747ジャンボジェットがパリ、アムステルダムから大西洋を越えてやってきていたが、両社ともにすでに747は退役。2020年1月時点ではエールフランス航空がA340を投入していたものの、私の滞在時にKLMオランダ航空の便は来なかった。

今回訪問するまでに心配していたのは前述したハリケーン被害の爪痕だ。空港南側のホテルは建設途中なのか、それとも途中で放棄されたのか骨組みだけの状態だった。空港のターミナルも完全復旧にはほど遠い状態で、ターミナルビル内はあちこちが仮設の仕切りで覆われ、外装の一部はベニヤ板でふさがれており、搭乗橋も使用できないなど、まだ時間がかかりそうであった。一方、コロナ禍の直前だったためこの時点では観光客の姿が多く、島は活気を取り戻していた。マホビーチはこれまで見たことがないくらいの混雑ぶりである。

セントマーティンはフランス領とオランダ領の島なので欧州の文化的影響が強い。思い起こせば20年くら

マホビーチに面するサンセットバー&グリルに書かれた到着便の時刻。この日は午前中の到着は3便だけで、忙しくなるのは午後から。ワイドボディ機はエールフランスの1便だけだ。

離陸機のエンジンが巻き上げる砂の勢いはすさまじく、ギャラリーも逃げまどったりする。

各国から観光客が来るため警告看板は英語が読めなくても分かるイラスト表記。2017年にはエンジン排気に飛ばされた人が亡くなる事故も発生したので要注意だ。

い前までマホビーチは人影少ないトップレスビーチであった。上半身裸の女性も多く、こちらは飛行機撮影目的とはいえカメラを持って砂浜をうろうろするのだから、かなり気を遣ったものである。

それが最近ではカリブ海クルーズの大型客船が朝にフィリップスバーグの港に到着するや、観光名所となったマホビーチへクルーズ客が殺到。夕方船が出航する時間までここで過ごす人も多く、そのせいかトップレスビーチではなくなったが、逆に人が多すぎるのもいささか撮りにくい。まるで我慢比べのようにフェンスにしがみつきながら離陸機のエンジン排気に耐えることを楽しむ人たちの姿も珍しくないが、吹き飛ばされた人が道路に頭を打ちつけて亡くなった事故も起きているので、ランウェイエンドに掲げられている「エンジン排気に注意」の看板を甘く見ない方がいい。

私もビーチで離陸機の後ろ姿を撮影していて、エンジン排気により飛んできた砂で痛い思いをしたことがある。中でも凄まじかったのは機体後部にエンジンを配置するMD-80だ。ランウェイエンドにはこの世の終わりかと思うほどの強風が吹き付け、ギャラリーの人々は逃げまどい、ビーチに敷かれていたタオルやシ

人けのない早朝のビーチの上に、マイアミからアメリジェットの767-300Fがやってきた。有名になる前のセントマーティンを思い出す一コマ。

ートが宙を舞う。リアエンジン機であるがゆえ離陸位置についた際にエンジンがビーチに近くなり、その距離は約50m。旧式機なのでエンジンパワーも最大まで上げるのだろう。747やMD‐11といった大型機よりもMD‐80の方が排気の勢いの強烈だったことが記憶に残っている。

日中は人であふれかえるビーチも、朝方は静かだ。この時間帯、昔はボーイング727F、今はボーイング767Fを使用してマイアミから貨物を運んでくるアメリジェットの便がある。今回もほぼ無人のマホビーチで767Fを撮ることができ、まだ有名になる前の静かな時代を思い出した。

ところで到着機の時刻は、マホビーチに面しているサンセットバー&グリルの屋外にあるサーフボードに書かれて案内されており、正確ではないものの参考にはなる。ちなみに今回訪れた際のジェット旅客機による定期便は日中の到着が10便だけだったので、多いとは言えない。セントマーティンでは、飛行機撮影に専念するというより、リゾート気分を満喫しながら撮影もするといった過ごし方がいいだろう。

ASIA

「インド洋の宝石」の島々を結ぶ

リゾート客の足として活躍する水上機

シナモン・ハクラ島　モルディブ

海と空とDHC-6を撮ろうとカメラ片手に海の中を歩く。人は少なく誰にも邪魔されることなく撮影できたが、万が一足を滑らせれば高価なカメラが水没してしまうため緊張した。

世界最大の水上機運航会社

これまで世界１００以上の国や地域を旅してきたが、現地でも訪れるのは基本的に空港の周辺がほとんどだ。だから旅行スケジュールやホテル選びも撮影の都合に合わせることになる。その点で苦労したのがモルディブだった。

「インド洋の宝石」と謳われるモルディブでの宿泊となれば離島のリゾートホテルが定番だが、料金は高額だ。それでもリゾート目的の旅行ならば、料金と部屋のグレードなどを基準に選べばよいのだが、私の場合、モルディブの離島交通として活躍する水上機（シープレーン）のキレイな写真が撮れる島へ行きたい、というのが目的だった。そのためホテル選び（つまり滞在する島）を間違えると、首都マレの玄関口であるヴェラナ空港からホテルまで高速艇でアクセスすることになり、肝心の水上機に乗ることができなくなってしまう。ならばマレから遠い島ならいいかというと、今度は途中の離島までＡＴＲ42などの陸上機で飛び、その先は船に乗り換えるという場合もあるから油断はできない。また、水上機は夜間飛行ができないので、夕刻や夜にマレへ到着するとその日のうちにホテルへ向かうことができず、マレで一泊せざるを得なくなる。そんなわけで、思い通りの計画を立てるのに手間取ることになったのだった。

マレまでのフライトは、日本から効率的なルートで飛ぶのが売りのスリランカ航空、航空券は安価なもののドバイ経由で遠回りになるエミレーツ航空、少々値段は張るものの高品質なサービスを楽しめるシンガポール航空など複数がある。この時は、成田からシンガポール航空のビジネスクラスでいったんシンガポール

シナモン・ハクラ島

水上機は遠方に飛んでいくことができないので、海の近くでエンジン交換や重整備を行うことのできる施設があり、格納庫もある。

へ飛び、そこから先は同社傘下のシルクエアーでマレへ向かうことにした。
ビジネスクラスでは、まずウェルカムドリンクが振舞われ、機内食は串焼き料理のサテーから始まり、ゆっくり2時間くらいかけてフルコースを堪能する。サロンケバヤを着用し、毎回自分の名前を呼んでサービスしてくれる客室乗務員とおしゃべりを楽しみながら過ごす機内の時間は特別だ。コロナ禍にあっては感染防止のため各種サービスも簡素化されているが、一日も早い正常化が望まれる。名物カクテルの「シンガポール・スリング」を飲んでひと寝入りすれば、シンガポール・チャンギ空港まではあっという間。さっそくシルクエアーに乗り継いで、モルディブへの道のりを急いだ。

パイロットに案内され搭乗機へ。歩いているのは浮桟橋の上で、飛行機というより船に乗る感覚。

搭乗の際はまずフロートに足をかけ、次にステップを上がって機内へ。物を落とすと水没してしまうので要注意だ。

モルディブはおよそ1200の小島で構成される島嶼国家だ。ヴェラナ空港のあるフルレ島は滑走路の両脇を海に挟まれ、空港のためだけにあるような島である。隣島には首都マレの街があるが、中国マネーで橋が建設されていた。

ヴェラナ空港からはトランスモルディビアン航空というエアラインでホテルのあるシナモン・ハクラという名の離島へ飛ぶ。メインターミナルでチェックインして手荷物を預けると、ミニバスに乗せられて滑走路を挟んだ島の反対側へ向かった。そこにあるのがシープレーン（水上機）ターミナルで、車輪の代わりにフロートをつけたDHC-6がずらりと並んでいる。

ヴェラナ空港の陸上滑走路は1本だけで誘導路はなく、駐機場も極めて狭い。

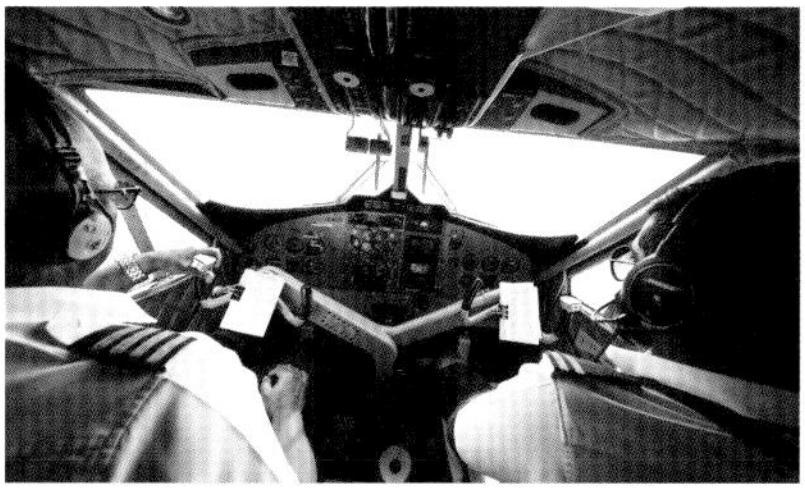
ジェット機と違い気密性が悪い飛行機なので、エンジン音もうるさい。そのためパイロットは軽飛行機と同じように大型のヘッドセットを着用していた。

フライト中の機窓からは美しいサンゴの環礁や住宅の島、工場の島などリゾート以外の島々も見えた。

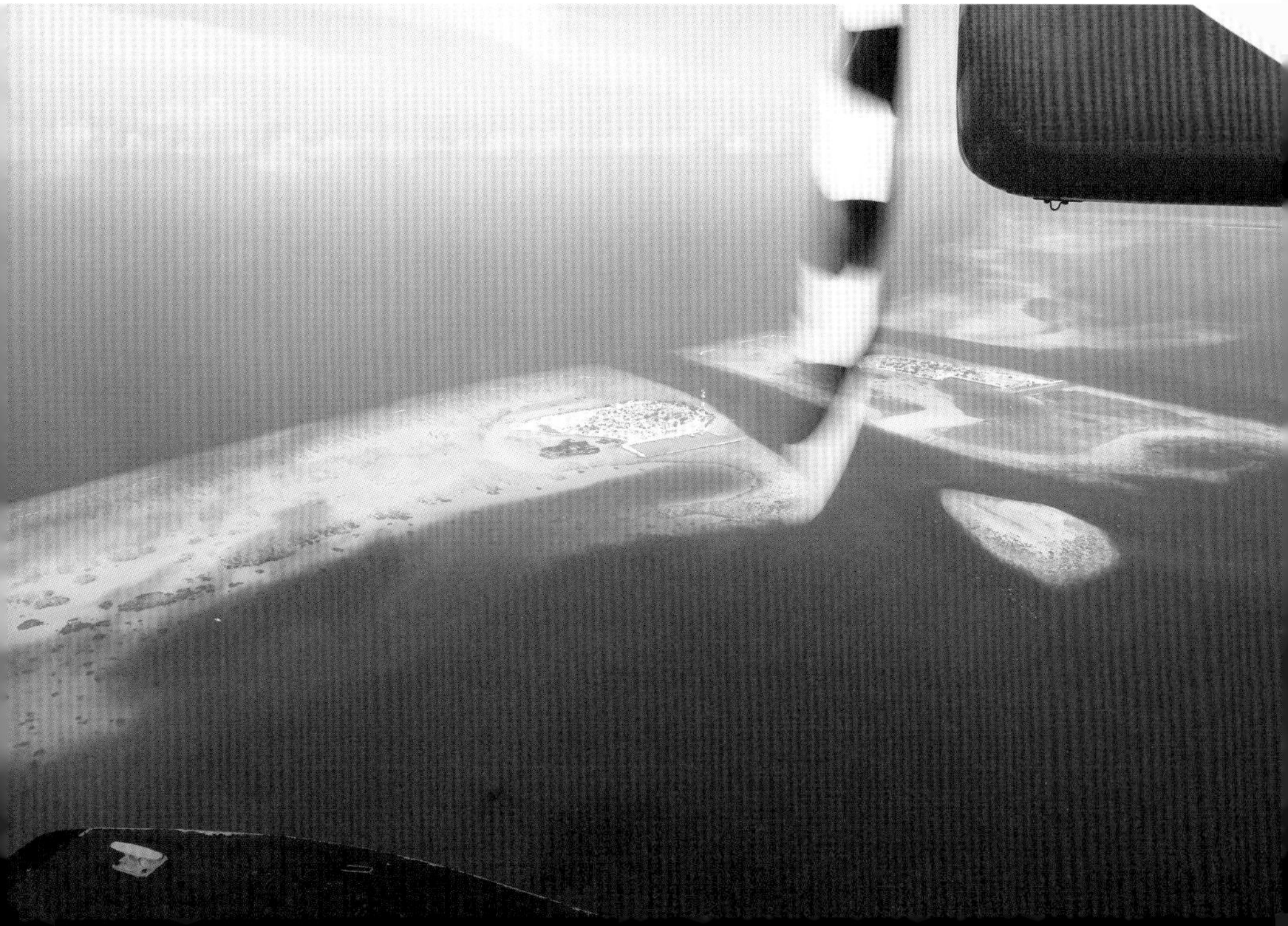

リゾートアイランドの前の海面上で加速して離水態勢に入るDHC-6。桟橋と白い屋根の休憩所、そしてエメラルドグリーンの海で構成される風景はまさに楽園。

モルディブの離島リゾートには水上コテージが多い。部屋を出たら目の前が海で、いつでも泳ぎに行くことができる。

ボーイング777のような大型機の場合、ターミナルに対して斜めに駐機しなければならないほどだ。しかも大型機をプッシュバックすると、そこがもう滑走路という常識外れの構造である。コロナ禍により遅れる可能性はあるものの、２０２0年完成予定で拡張工事が進められており、間もなく「プッシュバックできるスペースを持つ空港」になるだろう。

このように陸上施設が極めて貧弱なヴェラナ空港だが、シープレーンターミナル側には4本もの水上滑走路が設けられている。滑走路といってもただの海面だから目に見えるわけではないが、パイロット用のチャート（航空地図）には方位がしっかりと記され、どの滑走路を使用するのかも管制塔から指示が出される。

搭乗するトランスモルディビアン航空はＤＨＣ-６を55機も保有する世界最大級の水上機運航会社だ。ツインオッターの愛称で知られるＤＨＣ-６は日本でも琉球エアーコミューターや今はなきＡＮＡ傘下のエアー北海道が使用するなどの実績があり、かつては沖縄や北海道の離島空路で活躍した。初飛行は１９６５年と半世紀も前の設計だが、まさに「質実剛健」、丈夫で長持ちする機体だ。

そんな機種だからアフリカや北米の辺境地域でも活躍しており、私もカナダのイエローナイフでこのＤＨＣ-６に乗ったことがある。気温はマイナス40℃、キャビン後方には僻地へ輸送するプロパンガスを搭載した貨客混載便で、機体には車輪やフロートの代わりにスキーを履かせ、凍った湖面が滑走路代わりだった。そんな過酷な環境にも耐える汎用機なのだ。

島ごとに明確に違う役割

さて、搭乗までは大きな待合室で過ごし、出発時刻が近づくと別の小屋に移動して救命胴衣など安全に関する説明ビデオが流され、その後はパイロットに引率されて桟橋に並ぶ搭乗機へと案内された。ちなみにパイロットの足元はビーチサンダルだ。

フロートに足をかけて機内へ足を踏み入れる。ＤＨＣ-6の標準座席数は19席だが、リゾートへ向かう乗客の手荷物を載せるため座席数は10席に抑えられていた。小さい機体なので客室乗務員は乗務せず、前方の座席からならコクピットの様子や計器を眺めることができる。

マレを発った後、2つほどリゾートアイランドに立ち寄り、3か所目がようやく私の目的地のシナモン・ハクラ島だった。パイロットは天井から生えているようなスラストレバーを器用に操作しながら、ときに飛行機をバックさせて上手に桟橋へ接岸させてゆく。

島は遠浅の白い砂浜を持ち、宿泊するのはモルディブらしい海上コテージだ（サイクロンの影響なのか、その後、このコテージはなくなったようだ）。利用客は新婚カップルや欧州から来た白人夫婦などがメインだが、場違いながらそんな中でも「明日は何時にＤＨＣ-6が来るのだろうか」と調べておかねばならない。

こうしたリゾートアイランドには一つのホテル以外には何もないのが普通で、宿泊費に3食すべてが含まれる「オールインクルーシブ」というスタイルが一般的。これも「1島、1リゾート」ならではである。

この島へ向かう便の巡航高度は2000フィートと低いので、環礁や島々が近くに見えた。モルディブは一つの島の面積が小さいので、「ここは工場の島」「ここは住居の島」といった具合に役割分担が明確なのが面白い。そのため、このリゾートアイランドで働く地元の人たちも近くの島から船で通勤しているのである。

また、モルディブの主な宗教はイスラム教であることから基本的にはアルコールはご法度なのだが、リゾートアイランドの滞在者は外国人が中心なのでアルコール飲料も用意されている。首都マレをはじめ地元民が暮らす島はアルコール禁止だからダブルスタンダード的ではあるが、観光依存度の高い国なので仕方がないのであろう。

観光国家ゆえにコロナ禍はモルディブにとって大ダメージとなったのは言うまでもないが、2020年夏には早くも観光客の受け入れを再開した。経済的な理由が大きいだろうが、基本的に「1島、1リゾート」で感染拡大がしにくいのと、医療体制も整えていると いうのが政府の説明であった。

モルディブはアジアを代表するリゾートなので、欧州からもボーイング767クラスのチャーター便がやってくるが、一方で自国のエアラインはあまりパッとしない。2010年にメガモルディブというエアラインが誕生して中型機の767を運航し、2016年には成田にも乗り入れたが、すぐに撤退、倒産してしまった。

同じリゾートの島国であるパラオにも言えるが、こうした国のエアラインが成功した例は少なく、現在のモルディブではモルディビアン航空というエアラインがエアバスA320/A321を1機ずつ運航して中国路線に就航しているくらいで、事業規模は小さい。同様にパラオも2011年にパラオエアウェイズがボーイング737-400を使用機材に就航したものの、わずか2年で倒産。モルディブと同じインド洋の島嶼国家であるセーシェルのセーシェル航空も国際線展開を行っていたが、経営不振から国内線と地方路線に特化した運航へシフトした。リゾートに依存する小国のエアラインの経営はなかなか多難なようである。

モルディブではリゾートを満喫できたが、リゾート以外の島も見てみたいと思っていたので、帰国前には世界一の人口密度を誇るという首都マレの街に宿泊した。狭い島内には10階建てくらいの雑居ビルが所狭しと建ち並んでいる。そして、せっかくならば地元のエアラインも利用してみたいというわけで「フライミー」というコミューターエアラインでマーミギリという名の島へ飛んだ。使用機材はATR72である。

誰もいない白い砂浜に小舟や簡素な工場があるマーミギリ島。観光客が来ない素朴な場所でも、美しい海だけは変わらない。

モルディブの国内エアライン「フライミー」のATR72。この空港は同社の親会社が建設・所有しており、モルディブ初の私有空港でもある。

この便の利用者は観光客ばかりで、しかもマーミギリ島が最終目的地ではなく、船に乗り換えて周辺のリゾートアイランドへ向かう人たちだった。そのためマーミギリ島の空港へ到着すると全員が迎えのミニバスへ乗り込んでいき、私一人が空港に残されることになった。

島にはタクシーもレンタカーもないが、地図を見ると歩いて回れそうだ。モルディブはどの島もそうだが、環礁なので標高が１ｍ程度で山はなく、津波が来たら全土が飲まれてしまうのではと心配になるほどに平坦である。白砂を固めた粗悪なアスファルトの道路を歩いていると、ベールをかぶったイスラム教徒らしい母子とすれ違ったが、こんな場所を歩いている外国人は胡散臭いとでも思ったのか、目を合わさずに通り過ぎて行った。

街には粗末なブロック塀で囲われた民家のほか、サッカーのグラウンドやガスタンクなどがあった。海岸にはトタン屋根の船の修理工場があり、その前に広がっているのは誰もいない白砂のビーチにエメラルドグリーンの海だけである。この時ばかりは、リゾートとは違う素顔のモルディブを垣間見た気がした。

第2章

旅客機が生まれ、死にゆく空港

アメリカ西海岸北部のワシントン州シアトルはボーイングの主力工場があることで知られている。そのためシアトル周辺の空港はテスト機など通常の空港ではなかなか目にできないような機体を見られるほか、貴重な展示が並ぶ博物館などもある。一方、カリフォルニアやネバダなどの砂漠地帯にある空港は「旅客機の墓場」として有名。同じアメリカ西部には「旅客機が生まれる空港」と「死にゆく空港」が併存しているのだ。

サンバナディーノ空港［アメリカ］

NORTH AMERICA

栄光の名機も翼を休める

「旅客機の生誕地」へ

シアトル・ボーイングフィールド　アメリカ

2011年に撮影したテスト中の787初号機「ZA001」。この機体は現在セントレアにある商業施設「フライト・オブ・ドリームス」に展示されている。

ファン垂涎の航空博物館

欧州のエアバス社とともに世界の旅客機市場を二分するアメリカのボーイング社。同社にとって重要な施設となっているのがワシントン州シアトルにあるキングカウンティ国際空港だ。この空港は、シアトルの市内中心部と同市の玄関口であるシアトル・タコマ空港（通称シータック空港）との間にあり、その名の通りキング郡が運営しているのだが、航空業界では「ボーイングフィールド」の愛称名の方がはるかに有名だ。

ボーイングフィールドは、ボーイング社の工場こそないものの、同社のテストセンターが置かれている関係で新型機がベースとすることで知られている。ただし、カナダからのチャーター便やプライベートジェットなどもしばしば飛来するので、れっきとした「国際空港」であることに間違いはない。

航空博物館「ミュージアム・オブ・フライト」があることも特筆すべきだろう。ボーイング７４７の初号機や元エアフォースワンのＶＣ‐１３７（７０７がベース）、７２７、初期型７３７といった一世代前のボーイング製旅客機のほか、ライバル社だったロッキード製のＬ－１０４９Ｇコンステレーション、さらには超音速旅客機コンコルドの実物など、錚々たる顔ぶれを保存。これら以外にも、さまざまな小型機やボーイング社の旧社屋など、航空の発展に寄与した数多くの機体や貴重な資料などが展示されている。

　滑走路は主にジェット機が使用する３０５０ｍと軽飛行機が使用する１１３１ｍの平行する２本。最近は定期便が就航するようになったが、それ以外は軽飛行機やヘリコプター、プライベートジェットが頻繁に発着し、その合間にボーイングのテスト機がフライトしたりレントン工場で完成した機体が輸送されてきたりする。「グリーン」と呼ばれる錆止めだけ施した塗装前の機体がしばしば見られるのはボーイングフィールドならではだ。

　また、連続墜落事故の影響で飛行禁止となった新型機７３７ＭＡＸは納入が中断された後も製造が続けられたため、行き場を失った７３７ＭＡＸがシアトル周辺にあふれかえり、ボーイングの社員用駐車場にまで世界各国の航空会社の７３７ＭＡＸが並ぶ異様な光景が展開されたのは記憶に新しい。それでも７３７ＭＡＸの駐機場所が足りず、オレゴン州のモーゼスレイク空港やカリフォルニアの砂漠エリアの空港にも新造機が並ぶ異常事態となった。

　この空港へは過去に何度も足を運んでいる。２０１１年には７８７－８のテスト飛行を狙って何日も張り込んだし、２０１４年にも７８７－９のテスト機を目当てに同様の張り込みを行った。

　テスト飛行が厄介なのはいつ飛ぶかが分からないことで、「フライトレーダー24」を見ながら空港近くでエアバンドに耳を澄ますという日が続くことになる。空

ボーイングフィールドの滑走路と博物館「ミュージアム・オブ・フライト」（手前）。屋根の下にコンコルドの保存機が見えている。

ボーイングフィールド

港の北側には往年のアメリカをイメージさせるレンガ造りの建物があり、そこのパブやレストランにはランチを兼ねてしばしば訪れて、いい息抜きになった。また、コーヒーの本場だけに小さなコーヒーショップが街のいたるところにあり、それぞれオリジナルのコーヒーを味わえるので、毎朝立ち寄るのが楽しみの一つにもなった。

そんな日々を過ごす中で、空港北側のサウス・アルブロ・プレイスという通りに、小さな小屋にもかかわらず行列ができるドライブスルーのコーヒーショップがあるのを発見、「よほど美味いコーヒーを出す店に違いない」と思ってさっそく並んでみた。そして、いざ自分の順番が来てドライブスルーの窓口に車を横づけすると、連日行列ができる理由が判明した。「ハァーイ、何にする？」と現れたのがビキニ姿のお姉さんだったのである。それ以上の特別なサービスがあるわけではないが、こちらは予想だにしなかった急な展開に思わず慌ててしまう。気を落ち着けてカフェオレをオーダーするが、一杯一杯ドリップしてくれるため、その間に度胸がある人なら彼女の後ろ姿をじっくり眺め続けられるわけである。もっとも、ドキドキしたのはこっちだけで、当の本人は恥じらう様子もなく堂々としたもの。ちなみに店の名前は「カウガールエスプレッソ」（現在は「レディバグ・ビキニ・エスプレッソ」に改名）というもので、あとから考えると小屋の色がピンクだった理由も納得した。さすがはシアトル、なんとも〝個性的な〟コーヒーショップがあるものだが、店には「撮影禁止」の表示が出ているので行かれる方はご注意を。

テスト機はタイミングが良ければ、着陸後すぐに離陸して撮影チャンスが豊富に訪れる場合もあれば、モーゼスレイクやカリフォルニアに向かったまま帰ってこない場合もある。最悪なのは近くのエバレット工場から離陸して他の空港に行ったきり戻ってこない場合で、「明日はエバレットで張り込んだ方が良いのだろうか？」などと悩んだりした。テスト機狙いの撮影はなかなかハードなものなのである。

こうした苦労の末、２０１１年に撮影した７８７の初号機は、その後、日本で再会することになった。中部国際空港（セントレア）に建設された「フライト・オブ・ドリームス」の目玉展示機となったからだ。ち

錆止めを施し、「グリーン」と呼ばれる完成直後の状態で737MAXがレントン工場からボーイングフィールドへ到着。飛行停止期間中もフェリーフライトは行われていた。

2019年秋には、デリバリーできない737MAXが本来従業員駐車場だった場所を埋め尽くす事態に。アジア、アメリカ、中東、ヨーロッパと各国の航空会社のカラーリングが見える。

なみにANAカラーの2号機とは、アリゾナ州デビスモンサン基地の近くにあるピマ航空博物館で再会した。なお、3、4号機はボーイング社が保管し、5号機はすでに解体されている。テスト終了後のテスト機は仕様変更ののち航空会社に納入される機体が珍しくないが、787の初期製造機は計画よりも重量がオーバーしてしまった関係で受領を拒否される例が相次ぎ、短

サウス・アルブロ・プレイス通りにあるピンクの小屋はコーヒーショップ。現在は名称を変えて営業中で、チェーン店でもある。

空港北側のルビーチョー公園より、レーニエ山を背景にテスト中のANAカラー機を撮影。この山はボーイング社のプロモーション映像などでもしばしば登場する。

命に終わった機体もある。そうした機体を含めてボーイングフィールドやシアトル周辺で撮影し、写真として記録できたのは貴重な体験だった。

その後もシアトルを訪れた際には、1日はボーイングフィールドで過ごすようにしている。天気が良ければ「ミュージアム・オブ・フライト」のテラスでハンバーガーを食べながら滑走路に降りてくる機体を眺めるという至福のひとときを過ごすこともできる。横には半世紀前の名旅客機ロッキード・コンステレーションも翼を休めており、気分は最高だ。

2019年にもここを訪れたが、隣で撮影していたアメリカ人が「今のガルフストリーム撮ったか？ジェフ・ベソスの機体だぞ」と声をかけてきた。一瞬「ジェフ・ベソスって誰だ？」と思ったが、アマゾンのベソスCEOのことである。世界的な巨大企業に成長したアマゾンの本社はシアトルにあるので、ときにはこのような機体も飛来するのである。

日本人のヘリコプター試験官

シアトルには長年に渡りお世話になっているS氏という人がいる。S氏は日本人でありながらヘリコプターの試験官資格を保有しており、数年前まではボーイングフィールドにオフィスを構えていた。アメリカで活躍する日本人パイロットは意外に多く、エアラインパイロット、プライベートジェットの機長、パイロット兼飛行学校経営者、飛行教官など、それぞれ異国の地で苦労しながら築き上げたサクセスストーリーを持っているが、「試験官」になった人はなかなかいない。

試験官ということは、すなわちその人がリクワイアメント（必要な要件）を備えた生徒に飛行試験を課し、「知識、飛行技術的に問題なし」と判断すれば、アメリカ連邦航空局（FAA）のパイロットライセンスを発行できるということだ。

日本では飛行機の試験官といえば国土交通省航空局の職員と決まっているが、航空管制の一部や空中給油まで民間委託しているアメリカでは、じつは「試験官」も民間人がほとんどで、私もパイロットライセンスの取得は民間人試験官に試験してもらった。FAAのパイロット資格を持つ人の99％くらいは民間人試験官によるチェックライド（パイロット試験）を受けているのではないか。これもまた、航空大国アメリカらしい

「ミュージアム・オブ・フライト」のエントランス付近にディスプレイされるトランス・カナダ・エアラインズのL-1049Gコンステレーション。右手が滑走路で、奥にあるカフェテリアで飛行機を眺めることもできる。

話である。

現在60代のS氏は四十数年も前の18歳の頃に単身渡米した。「アメリカで飛行機を学びたいと思ったけど、当時は情報も少なかった。シアトルはボーイングの工場もあるし、詳しくは何もわからないまま、航空の街だと思ってやってきた」とシアトルを目指した動機を語る。最初は飛行機を学ぶつもりだったS氏は途中からヘリコプターに転向、教官資格も取得した。シアトルで教えているうちに「腕の良さ」が広く認められるようになり、「S氏でなければできないミッション」の発注も増え、ついには推薦されて試験官になったというわけだ。

S氏はヘリコプターのパイロット試験のため地元シアトルはもちろん、呼ばれればオレゴンやカリフォルニアにも出張する。また自分でヘリコプター遊覧会社兼飛行学校も経営するなど手広く活動。渡米した当初から現在の地位や立場を夢見たわけではなかったS氏だが、結果的にはアメリカンドリームをかなえた一人といえるだろう。今では自分が試験を担当して合格したパイロットが日本に大勢いるため、実は日本のヘリコプター業界でも有名人となっている。

ワシントン湖に面したレントン工場。右手に約1600mの滑走路があり、完成した機体は奥の駐機場へと運ばれる。

B29も製造した伝統の製造拠点 ボーイング・レントン工場

シアトルにあるボーイング社レントン工場。80年以上の歴史を誇るこの工場では、現在ボーイング737MAXを製造しているが、かつては同じナローボディ機の757や727を製造してきた。場所はワシントン湖に面し、シータック空港から西に10km程度で、ボーイングフィールドからも近い。

興味深いのはカンサス州ウィチタで完成した737の胴体を鉄道で輸送し、最終組み立てを行っていることだ。エバレット工場へも777のコクピット部分を鉄道で輸送しているが、737の胴体はコンテナなどに収められるようなサイズではない。そのため、胴体がむき出しのまま貨車に載せられて線路の上を走ってくる。

そして工場に隣接するのがレントン市営空港。滑走路1640mが1本だけの小さな空港で、ほとんどが軽飛行機であるものの1日平均300回以上の離着陸があるという。レントン工場で737が完成した際は、滑走路が短く燃料を満載できないため、アメリカ国内の航空会社は別として、ほとんどの機体がいったんボーイングフィールドに移動してからデリバリーされる。

レントン工場を南側から望む、手前に完成した737が並び、川を渡って滑走路へとつながる誘導路がある。遠くにはシアトルのダウンタウンも見える。

カンサス州ウィチタより列車輸送された737の胴体。まだ貨車に乗せられているが、ここで降ろして工場内へ手前にある翼とともに運び込まれる。

無数の機体が並ぶ砂漠の空港

「旅客機の墓場」をゆく

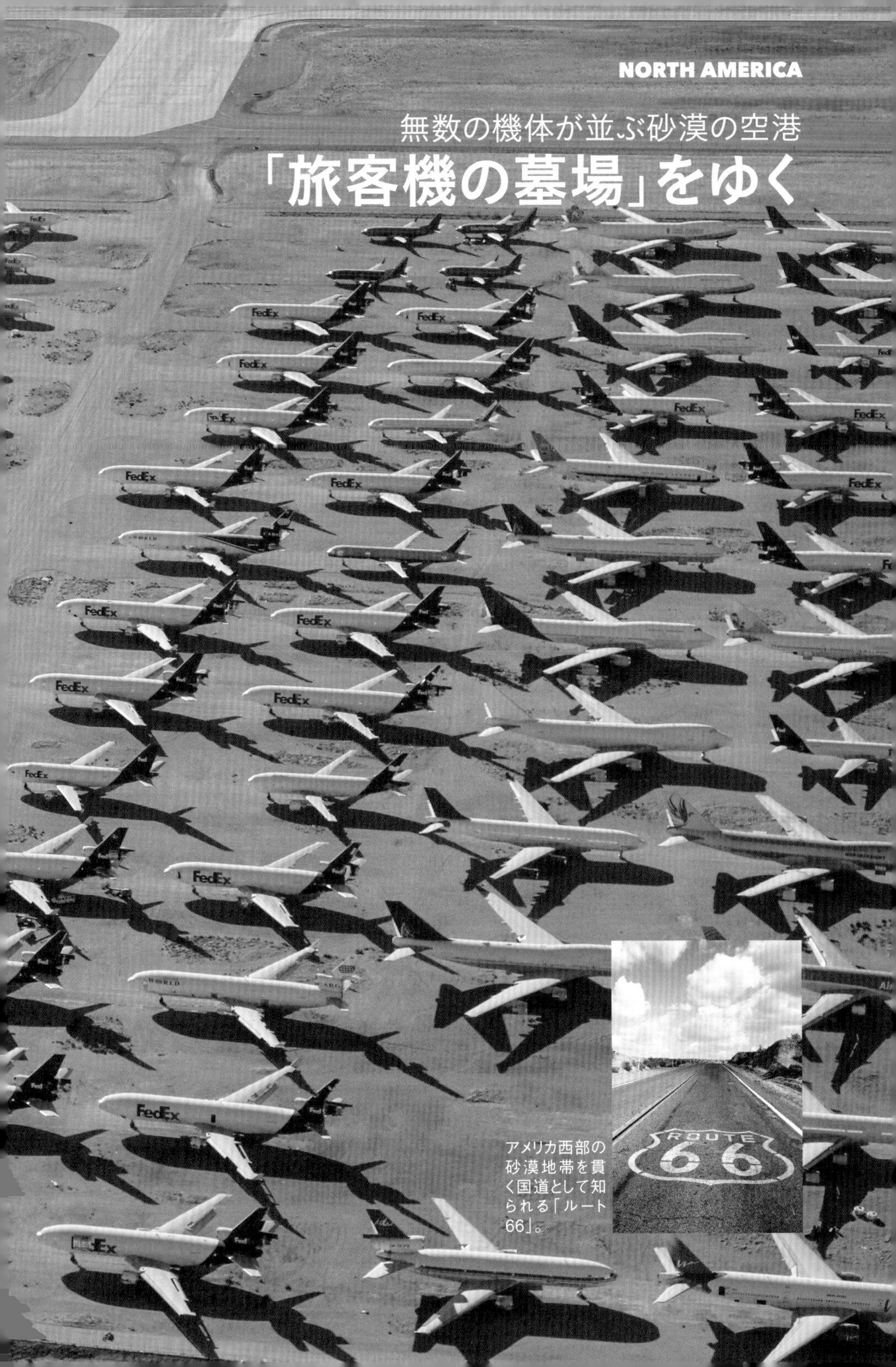

アメリカ西部の砂漠地帯を貫く国道として知られる「ルート66」。

モハビ空港｜ビクタービル空港｜サンバナディーノ空港

アメリカ

まるで模型飛行機のように大量の
ストア機が並ぶビクタービル空港。

荒涼とした山肌の山脈を背景に打ち捨てられた機体が侘しい「旅客機の墓場」。

モハビ空港

長期の保管に適した環境

シアトル周辺が「旅客機の生誕地」とすれば、同じアメリカでも砂漠地帯にある空港は「旅客機の墓場」。日本からも数多くの旅客機（主に退役機）がアメリカの砂漠に旅立っている。日本には旅客機を保管するスペースもなければ、解体コストも高くつくからである。

航空大国アメリカには中古部品を整備してリサイクルする業者が数多く存在し、世界の航空部品の「倉庫」にもなっているため、退役する旅客機はアメリカに集まることが多い。欧州にもいわゆる「飛行機の墓場」と呼ばれるような場所はあるものの、スケール的にはアメリカ西部の諸空港には到底かなわない。

私は若い頃にロサンゼルスでパイロットライセンスを取得し、現地の航空会社に勤務していたこともあって、かれこれ20年以上も砂漠の空港に通い続けている。毎年のリニューアルトレーニング（定期技量維持訓練）の際にはロサンゼルスで飛んでいるのだが、せっかくならばとモハビやビクタービルなど比較的近場の空港へも足をのばす。こうした空港に自分の操縦で行く利点の一つは、保管されている機体の数々を中から撮影できることである。

　砂漠の空港に多くの機体が集まる理由は、第一に気候的に乾燥しているためカビが生えたりして機体に傷みが生じないからだ。日本国内でもコロナ禍により長期間駐機したままの機体が増えたが、整備関係者の話では1週間程度であってもドアを開けるとカビ臭さを感じることがあるという。砂漠ではそんな心配はほとんどない。

　第二に砂漠の空港は敷地が広大で、大型機が降りられる長い滑走路も備えていることだ。また、定期便が就航しないような不便な場所にあるため、駐機料も格安。運航に復帰する際には整備が必要になるが、空港内には整備工場もある。

　砂漠の空港には、長年に渡って活躍してきた機体が翼を休めているが、あるものは小さな航空会社に買いとられて新しい塗装になり、あるものは貨物機に改造されたりする。しかし、日本の国内線機など着陸回数が多いものは部品取りになる運命で、必要なものをはぎ取られたうえで輪切りにされ、最後は重機によってスクラップにされる。こうしたスクラップが、私たちが日ごろ飲んでいるジュースのアルミ缶などに姿を変えているのだそうだ。

　砂漠にずらりと並んでいる機体を見ていると「長年お疲れさん」という気持ちが湧いてくるとともに、「スポッティング」を趣味とする私にとっては、撮りそこねた機体を撮影するラストチャンスにもなる。これまで何度も撮影したことのある機体であっても「最後にここで出会えたな」とセンチメンタルな気分でシャッターを押すことが珍しくない。

スケールド・コンポジッツ社の実験機を発見。モハビは「旅客機の墓場」であるとともに、宇宙船の開発拠点でもあるのが面白い。

モハビ空港／ビクタービル空港／サンバナディーノ空港

これら砂漠の空港へは軽飛行機でもレンタカーでも幾度となく行ったが、広大な風景は眺めているだけで頭をリフレッシュさせてくれ、西部開拓時代のフロンティア・スピリットに思いを馳せたりもできる。砂漠地帯を貫く「ルート66」に憧れる人は少なくないだろうが、実際に訪れれば必ずや魅了されると思う。

空中発射ロケット「ペガサス」の母機として使用されているオービタル社のL-1011、愛称「スターゲイザー」。空港の東側に駐機している姿を道路沿いからも見ることができる。

残存する機体は世界でも数少ないコンベア990。機体にはモハビ空港のWEBアドレスが入れられている。

モハビは「旅客機の墓場」の名門？

「旅客機の墓場」と言われる空港は主にアメリカ西部のカリフォルニア、ネバダ、アリゾナ、ニューメキシコの各州に点在しているが、特に集中しているのがカリフォルニアで、私も定期的に通っている。

中でも歴史があり、１９９０年代から日本でも少しずつその存在が知られるようになったのがモハビ空港。ロサンゼルス空港からフリーウェイ（州間高速道路）を使えば2時間半から3時間の距離で、街を抜けて牧場が点在する丘陵地帯を越えると周囲の景色は荒涼とした砂漠へと一変する。近くには「怪しげな実験が行われている」と昔からさまざまな噂が立っているエドワーズ空軍基地がある。そんなエドワーズ空軍基地の看板を過ぎて一本道をさらに北上すると、彼方に大型機の尾翼が見え始め、やがてフリーウェイの終点から道路はモハビの街へ入ってゆく。街と言っても人口は４０００人ほどでメインストリートの東にあるのは旅客取扱をしない鉄道の貨物駅。モハビ空港にも旅客便は就航していない。

モハビ空港が開港したのは１９３５年のこと。アメリカ西部の砂漠に「ゴールドラッシュ」が訪れていた時代で、モハビには未舗装の滑走路が作られた。アメリカ西部の砂漠地帯を旅すると、かつては金鉱で栄えたゴーストタウンを見かけることがあり、観光名所にもなっている。モハビの周辺も同じような場所だったのだろう。

１９７０年代に入るとエアレースが行われたり新型機や実験機のフライトテストに使われたりするようになった。モハビを飛んだ飛行機としては、ユニークなデザインの軽飛行機「ルータン・バリイージー」やプライベートジェットのＣＬ６００チャレンジャー、無給油で初の世界一周を成し遂げた「ルータン・モデル76ボイジャー」などが有名である。モハビにはテストパイロットを養成するフライトスクールがあり、軍から払い下げられたＦ‐４ファントムをはじめとした戦闘機が「民間機」として飛行訓練を行ったりしているからビックリする。日本ではあり得ない話で、さすがはアメリカだ。

飛行機にとどまらず宇宙開発の拠点にもなっており、ボーイング社の「Ｘ37スペースクラフト」や「スペースシップワン」を開発したスケールド・コンポジッツ

ANAの国内線用777やエバー航空の747貨物機など見慣れたワイドボディ機の姿も珍しくない。

週末は燃料屋が休みだったため、クレジットカードで決済して自分の乗ってきた飛行機に給油する。飛行機の給油もセルフ式なのがアメリカ。

社のテストが行われたりしている。空港の名称も「モハビ・エア&スペースポート」に変更された。単なる空港ではなく「宇宙港」を兼ねているというわけだ。

ところでハリウッド映画では飛行機が爆破されるシーンがしばしば登場するが、そのほとんどが、ここモハビ空港で撮影されている。モハビ空港の公式窓口には撮影向けに有料貸し切りプランが用意され、必要であれば滑走路まで貸してもらえるのだ。ストーリー上は大空港のはずなのに爆破シーンになると風景が砂漠地帯になったりするので注意して見ていると面白い。

モハビ空港で一般の人が立ち入ることができるのは管制塔の下にある小さなターミナルビルのみだ。以前はレストランがあったが、現在は閉鎖されている。また１９９０年代には空港職員に頼むと有料でランプツアーをやってくれ、私も何度か利用したことがあるのだが、２００１年の同時多発テロ以降はセキュリティが厳しくなりツアーはなくなってしまった。そのため自分で飛んでいく以外は、フェンスの外から機体を眺めるほかないのだが、ＡＮＡから退役したボーイング７４７や７７７、なぜかスクラップにされず30年も放置されているコンベア９９０など興味を惹かれる機体を最近でも見ることができた。

タイミングが良ければ怪しげな実験機に出会える可能性もあり、私もノーズと機体上部にセンサーをつけた謎めいたＤＨＣ‐８を見たことがある。また、小型宇宙ロケットを上空から発射するオービタル・サイエンス社（ノースロップ・グラマンに吸収）のロッキードＬ‐１０１１のベースにもなっているため、世界的にも数が極めて少なくなっている稼働中のＬ‐１０１１を見られる貴重な空港ともなっている。

JA8943は元JALの777-300で、その向こうはエンジンを外された元KLMのMD-11。奥には軍のヘリコプターが並んでいるが、全て部品取りになる機体だ。

サンバナディーノ空港

近くの街は殺伐とした雰囲気

近年、ストア（保管）空港として注目を集めるようになったのがロサンゼルス郊外にあるサンバナディーノ空港だ。１９９５年まではノートン空軍基地という軍用飛行場だったが、３０００ｍの滑走路と広大な駐機場を有するという旅客機のストア場所としてうってつけの条件を備えていたため、基地閉鎖直後からパンナム機をはじめとする多数のボーイング７４７が駐機されるようになった。

個人的にもサンバナディーノには思い出があり、７４７の２号機が駐機されているのを知って自ら飛んで行ったことがあるし、１９９７年には日本へデリバリーされる前のエア・ドゥの７６７を撮影したのもこの空港だった。当時「関係者以外で最初にこの機体を撮影したのは私かもしれない」と喜んだものである。

その後、複数のＭＲＯ（メンテナンス、リペア、オーバーホール）を行う整備会社が進出してきたことから、次第に他の大型旅客機も集まるようになり、現在ではＪＡＬ、ＡＮＡなど日系を含む世界の航空会社の機体がやってくるようになった。数年前に訪れたときには、日本の新型政府専用機である７７７-３００ＥＲが真っ白なペイントで飛来した。シアトルのボーイング社工場で完成後にこの空港で何らかの作業を行った後、今度はスイスのジェット・アビエーション社で内装を整え、日本へデリバリーされたのだ。

サンバナディーノまでは軽飛行機ならロサンゼルスから１時間もかからないが、車でも2時間ほどで行くことができる。片側５車線かそれ以上もある州間高速道路「Ｉ-10」を走り、やがてサンバナディーノの街のサインが見えてくると、アメリカに慣れている私もいささか緊張する。空港西側にある街の治安が極度に悪いからだ。

建物の窓には鉄格子がはめられ、カリフォルニアの真っ青な空とは対照的に街には殺伐として陰鬱な雰囲気が漂う。トイレを借りるため立ち寄ったガソリンスタンドは落書きだらけで、怪しげな連中もたむろしていた。地元の人の話によると、このあたりはメキシコから入ってくる麻薬の密売組織の巣窟であるらしい。だいぶ以前のことだが、この街に住んでいた友人宅に泊めてもらったときは、就寝前に「何かあったらこれで撃て」と銃を手渡された。その友人宅には各部屋とトイレにまで銃が隠されていたほどであった。

そんな場所にもかかわらず、サンバナディーノ市は空港に旅客ターミナルビルを建設、「サンバナディーノ国際空港」として旅客および貨物定期便の誘致をしている。たしかに空港の南側にはふつうの住宅地や倉庫街も広がっているのだが、数年前に完成した立派なターミナルビルは今も無人で定期便は就航していない。飛来するのは相変わらずスクラップになる機体が大半で、ほかには山火事消火機の基地ができた程度。広大な空港はいつも静まり返っている。消火機の基地は「サンバナディーノ・エアタンカーベース」と呼ばれ、小規模ながら展望施設もある。２０１９年に訪れた際にはＭＤ-87とＤＣ-10の山火事消火機がスタンバイしていて、遠くには成田線にも就航していたエア タヒチヌイのＡ３４０やタイ国際航空のＡ３３０などがスクラップを待っているのが見えたほか、就航前と思われるスピリット航空のＡ３２０ｎｅｏも駐機していた。

空港には空軍基地時代の立派な管制塔はあるものの管制官は配置されておらず、パイロットがあらかじめ決

日本国内で長年活躍した777-200も次々と部品を取り外され、このような姿に。最後に胴体は輪切りにされる。

カリフォルニアで多発する山火事を消火するためのMD-87改造機。アメリカでもなかなかお目にかかれないレアな機体だ。

定期便は未就航ながら旅客ターミナルビルがある。ビルへ続く道からはスクラップされる機体で賑わう光景が見られる。

山火事消火機の拠点の脇には小さいながらも見学台があり、空港内を見物できる。

められた周波数に着陸する旨を一方送信することになっている。軽飛行機だけならいざ知らず、大型旅客機が管制官の指示や誘導なしに、一方送信で降りてくるというのもアメリカならではだろう。

大量にストアされている737MAX。サウスウエスト航空の美しいペイントが、すでに砂漠の埃で茶色がかっており、もの悲しい雰囲気。

ビクタービル空港

お馴染みの就航機は囚人輸送機

「飛行機の墓場」が多いアメリカの中でも最大規模の駐機場となっているのがビクタービル空港だ。正式名称は「サザンカリフォルニア・ロジスティクス空港」だが、ロジスティクス（物流）というわりには貨物定期便が就航しているわけではなく、広大なだけの砂漠の空港である。

　ビクタービル空港があるのはロサンゼルスから車で3時間ほどの場所で、ネバダ州ラスベガスとの中間地点。ビクタービルの隣のバーストーという街を過ぎると完全な砂漠地帯になる。そんな乾ききった大地の中にあるビクタービル市だが、同市のウェブサイトによると人口は12万5千人（2017年現在）もいるというからちょっと意外だ。

　空港の近くには大きな刑務所があるだけで、ほかには特徴的な建物がなにもないが、受刑者を運ぶ囚人輸送機が飛来するのはビクタービルらしさの一つかもしれない。この囚人輸送機の運航はアメリカ連邦保安局の一部門である「ジャスティス・プリズナー・アンド・エイリアン・トランスポート・システム」（ＪＰＡＴＳ）が行っている。ニックネームは「コン・エアー」。ニコラス・ケイジ主演の『コン・エアー』はこの輸送部隊を描いた作品で、映画ではＣ-１２３輸送機が使われているが、実際の輸送機には７３７やＭＤ-80、サーブ製プロペラ機などを使用しており、他のアメリカの空港でも時おり見かけることがある。

私は毎年のようにビクタービルまで自分で飛んでいくのだが、そのフライトについても簡単に解説したい。

まず出発地はロサンゼルス空港の南にあるロングビーチ空港。１９９０年代まではボーイングに次ぐ旅客機メーカーだったマグドネル・ダグラス社の本社工場があった空港だ。私はかつてこの空港にあった飛行学校に通いパイロットライセンスを取得したのだが、今でも毎年ここで定期訓練を行っている。

ロングビーチ空港には滑走路が３本あるが、以前は５本もあった。３本の滑走路は常時運用され、旅客と貨物の定期便のほか、訓練機やヘリコプター、ガルフストリーム社のテスト機などが絶え間なく発着を繰り返す全米屈指の多忙空港だ。そのため「ここで免許を取れればどこでも飛んでいける」と言われるほどで、現にロングビーチで訓練経験のある日本のエアラインパイロットは大勢いる。

フライト前にはチャート（飛行地図）を見て、「この地点で３５００フィートまで上昇」とか「オンタリオ空港の空域を越えたら針路２６０」などといった具合にフライトプランを手書きで作成する。現代の旅客機ならば自動操縦で飛んでゆくこともできるが、こちらは軽飛行機なので有視界飛行の完全マニュアル操縦だ。

エンジンスタート後は管制の「クリアランスデリバリー」という部署に無線でコンタクトし、目的地と飛行ルートを告げてフライトの承認を受ける。続いて「グランドコントロール」に周波数を変更してタキシングの許可をもらう。久しぶりに無線交信するときは、混雑する交信の合間を縫って入りこまなければいけないので緊張する。最後に「タワー」担当の管制官から離陸許可を得ていよいよテイクオフだ。

上空では風に流されるので気象条件を計算し、航空地図を見ながら地形と計器の両方で現在位置を確認しつつ飛行を続ける。軽飛行機とはいえ、適正な高度、

2001年から放置されているDC-8-62。機体番号をたどると元JALのJA8037「Yashima」である。現存する元JALのDC-8は貴重で、博物館入りさせたいくらい。

ランウェイ21にランディングすると待機していたのはDC-10！ 大型機を待たせていたのは気が引けるが、操縦に全神経を集中して、速やかに滑走路を離脱した。

2018年に撮影した2機の747-8はロシアの航空会社が発注後キャンセルした機体。ともに次期エアフォースワンになることが決まり、改修が進められている。

昔の同僚でもある飛行教官とリカレント・トレーニングを行う。操縦には神経を使うものの空を飛ぶのは楽しい。自由に安価で飛べるアメリカの環境は最高だ。

針路、速度を保つため常に計器と機外をチェックしたりさまざまな計算をしたりしながら微調整を繰り返し、その間に無線交信も行うのだからコクピットはかなり忙しい。無線周波数の変更指示や近くを飛行する他機のトラフィック情報も頻繁に入る。

こうした作業をこなしつつ、カホンパスという山を越えたら、ビクタービル空港へ向け降下開始だ。内陸のビクタービルは標高が高いので、山を越えたらすぐに降下を始めないと着陸する前に空港を通り過ぎてしまう。したがって降下率も的確に計算しながら空港の場周経路まで高度を下げていかなければならない。ビクタービルの管制塔と交信しながら指示を受けて着陸すると、私が降りるのをＤＣ‐10が待っていたこともあった。

そのビクタービル空港には少し前まで無料の駐機場があったのだが、２０１９年に訪れたときには「燃料を入れたら無料だけど、そうでなければ駐機料が必要」と係員に言われた。車なら「満タンで」と即答できるが、飛行機の場合はそうはいかない。４人乗りの飛行機に４人が乗っていたので、燃料を満載すると上昇率が悪化して最悪の場合は山を越えられなくなる。重量

ずらりと並ぶFEDEX機。A310FやMD-10Fのほか、MD-11Fもかなりの数がいる。主要部品は外されているので、あとはスクラップだろう。

と気温をしっかり計算し、必要最低限の燃料だけ入れてもらった。

元JALの747も常駐

サンバナディーノ空港と同様にビクタービル空港もかつてはジョージ空軍基地という軍用飛行場だった。閉鎖されたのは1992年。1990年前後と言えばソビエト連邦が崩壊し、冷戦終結を受けて基地の削減が始まった頃で、民間転用された飛行場がいくつもある。ビクタービルはF-104やF-4ファントムが配備されていた戦闘機部隊の基地で、4500mと2750mの2本の滑走路があり、未舗装ながら土を固めた駐機場は広大である。2001年の同時多発テロ後は300機もの機体がストアされていた時期があるが、2020年のコロナ禍ではさらに多くの機体が駐機されているはずだ。

ビクタービルは長い滑走路があることに加えボーイング社の格納庫やエンジンメーカーであるGE社のテスト施設もあることから、787のテスト機がやってきたり、エンジンテスト用として元JALの747が

空港の西側には小高い丘があり、空港内の機体を観察できる。2019年に訪れた際は世界的にも貴重なL-1011-500(サウジアラビアの王族所有機)などが並んでいた。

ボーイング社の格納庫の前に駐機するわりと新しい雰囲気の777。調べてみると元シンガポール航空所属で成田線の常連であった。売却先へのデリバリー前に整備とペイントが行われるようだ。

空港の外周道路は荒れた未舗装道路。柵沿いに多少は進むことができるものの、万が一スタックしてしまっても誰も通りかからないような場所だ。

ここをベースに運航を行ったりしている。

ビクタービルは行くたびに駐機しているメンバーの入れ替わりがあるのも興味深いところで、2018年7月には、ロシアの航空会社が発注したもののキャンセルになった2機の747-8を見ることができた。これは後に次期大統領専用機(エアフォースワン)に改修されることが決まった機体だ。

ほかにも飛行機好きならば目を惹かれる面白い機体がたくさんいるのだが、現在はサウスウエスト航空の737MAXが大量に翼を並べている。新型機にもかかわらず、飛ぶことができずに砂漠の埃にまみれているというのはいささか物悲しい風景だ。また、残念なことに、近年は外周から撮影しているとセキュリティに「撮影しないでくれ」と言われることが多くなってしまった。ところが、自分で操縦していったときに「飛行機を撮りたいのでローパスをリクエストします」と言うと管制官から許可されるので不思議といえば不思議である。撮影目的でも、車よりも飛行機で行くのに適した空港ということだろうか。

第3章

自然を感じるエアポート

周囲の風景が美しい空港は、飛行機写真を撮る場合、もっとも絵になる。とりわけ離着陸機の背景に周囲の地形が写り込む空港は情景写真を撮りやすいのだが、一般的に空港の近くは平坦なことが多いため、そうした条件の空港は世界的にも多くない。だからこそ、そんな特別な条件と美しい風景を備えた空港に出逢った時の感激はひとしおで、その後は何度となく足を運ぶことになるのだ。

ウェリントン空港［ニュージーランド］

雪山と青空をバックに上昇する色鮮やかな機体。この絵が撮りたくて20年もインスブルックに通い続けた。この離陸姿勢で背景に山が入る場所は世界でも数少ない。

EUROPE

間近に迫る雪山に機影が映える

アルプス山中の絶景空港

インスブルック空港 | オーストリア

「通行許可証(Vignette)が必要」と表示された高速道路の入口。ちなみに道路標識は青色が高速道路、緑色が一般道で日本とは逆。

インスブルック空港

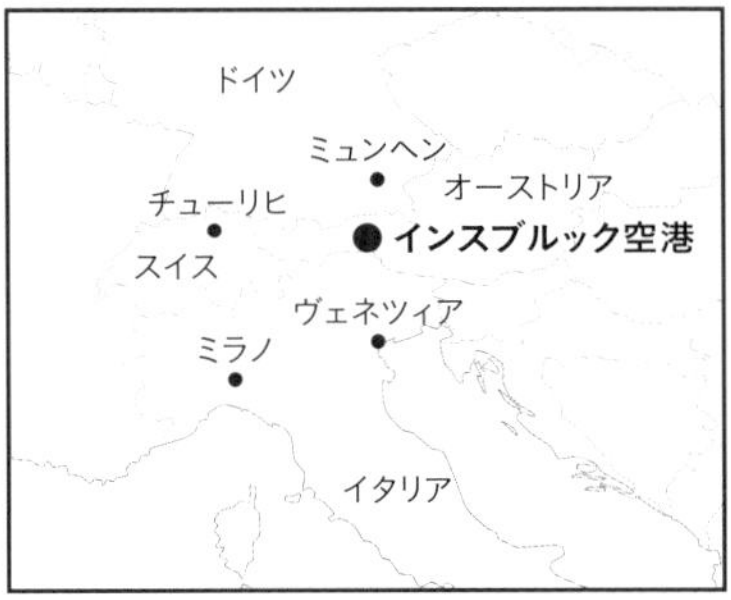

欧州屈指の山岳リゾート

自然の力には逆らえないものだ。せっかく遥か遠くの空港まで赴いたというのに、連日の雨に祟られたり想定とは違う風向きだったりして思い通りの絵が撮れなかったというのは珍しいことではない。それでも、そんなリスクを承知の上で何度でも通いたくなる美しい自然環境を持った空港がある。その一つがオーストリアのインスブルック空港だ。

日本人旅行者の数を目的地別に見ると、アジアやアメリカに比べて欧州へ行く人は少ない。ある年のJATA(日本旅行業協会)の資料によると、その欧州の中で人気の旅行先は1位がドイツ、2位がフランス、3位がスペインとなっており、オーストリアはランキング外であった。そんなオーストリアでも首都ウィーンは知名度が高いので、音楽好きを中心に訪問者も少なくないが、インスブルックに行く人はそう多くないに違いない。そんなインスブルックに私はかれこれ20年くらい通い続けている。

オーストリア西部の山岳地帯にあるインスブルックは、1964年と1976年に冬季オリンピックが開催されたことで知られる。オーストリアは面積的には小国で、インスブルックも北に30分走ればドイツ、南に30分走ればイタリアという位置にある。どちらもEUおよびシェンゲン協定加盟国のため、廃止された国境検問所の跡でも残っていない限り、国境を越えたことさえ気づかないことがある。インスブルックはオーストリア東部にあるウィーンよりもドイツのミュンヘンやスイスのチューリヒの方が近いため、さまざまなルートでアクセスが可能だ。私の場合、最近はチューリヒやイタリアのミラノからレンタカーで向かうことが多い。

国境の検問こそないものの、他国からレンタカーでオーストリアに入る場合、入国前に「Vignette」と呼ばれる通行許可ステッカーを購入して、レンタカーのフロントガラス内側に貼らなくてはいけないことになっている。このステッカーは国境付近のガソリンスタンドやコンビニで売られているが、夜にチューリヒから向かう際にこれを買い損ねたまま国境を越えてオーストリア国内の高速道路を走行していたところ、トンネル手前に設けられていたチェックポイントで罰金を取られてしまったことがある。もし国境を越えてレンタカーを利用するということがあれば気をつけていただきたい。

地形的にも気象的にも条件の厳しいインスブルック空港。撮影チャンスも限られる。

リゾートシーズン中の週末にはずらりとチャーター便の旅客機が並ぶ。山の中腹に朝もやが立ち込める風景が幻想的だが、先の読みにくいその日の天候が気になる時間帯でもある。

険しい地形が生み出す絶景

アルプス山中の街インスブルックは『アルプスの少女ハイジ』の世界と言えばイメージしやすいだろうか。「世界の中で素晴らしかった国はどこですか？」としばしば尋ねられることがあるのだが、個人的にはインスブルック周辺のチロル地方はトップ3に入るほどお気に入りの場所だ。

一般的な観光地としても素晴らしいが、飛行機ファンとしても心惹かれるのがインスブルック空港。そもそも両側を高い山に挟まれた谷に街が築かれたインスブルックは空港も谷間にあり、飛行機の運航には厳しい条件だ。計器着陸装置は設置されているものの、山間部ゆえに視程不良で着陸できないことも珍しくない。ゴーアラウンドする際も山肌が迫る地形なので神経が磨り減る思いだろう。到着機の機窓からも山の斜面を間近に見ることができ、なかなかスリリングだ。そして、その険しい地形が他の空港では見られぬシーンを生み出してくれるのである。

冬季オリンピックが開かれたようにスキーリゾートとして名高いインスブルックだが、夏場も避暑を目的としたリゾート客が数多く訪れる。欧州ではこうしたリゾート客を輸送するチャーター専門の航空会社が発達しており、インスブルック空港も平日はウィーン行きのプロペラ機が3往復程度運航されるだけだが、リゾートシーズンの週末ともなれば、狭い駐機場がいっぱいになるくらいのチャーター便が押し寄せたりする。

そんなインスブルック空港に魅せられるようになったきっかけは20年以上前のことだ。昨今のように各国の写真をＷＥＢで手軽に見られる時代ではなく、当時は海外の航空雑誌を読んでは情報収集をしていたのだが、あるときインスブルック空港を離陸した飛行機の写真を見つけた。断崖絶壁を背景に急上昇するその姿は衝撃的で、「こんな空港があるのか」とさっそくインスブルック行きを計画したものだ。

当時はホテルもＷＥＢで簡単に予約できるわけではなかったから宿探しに苦労が伴うこともあり、英語があまり通じない田舎のホテルで片言のドイツ語を交えて交渉したのも今ではいい思い出だ。

緑が深くなる夏もいいインスブルックではあるが、やはりより魅力的なのは雪景色だろう。もっとも、１月にもかかわらず空港周辺に雪がなく当てが外れたことが何度もあり、また冬場は日照時間が短い上に空港が谷底にあるため陽が届く時間はさらに少なくなるため撮影チャンスはおのずと限られる。雪景色が素晴らしいといっても写真を撮るには晴れていた方がいいに決まっているわけで、そもそも霧と降雪で着陸できなければノーチャンスだ。霧の中で「ゴォォォーッ」というゴーアラウンドのエンジン音だけ聴くはめになった経験もある。また、せっかく天候に恵まれたとしても、平日（月曜～木曜）は極端に便数が少なく、プロペラ機のＤＨＣ－８が数往復する程度では撮影意欲も

欧州の空港では比較的珍しい展望デッキは無料で屋根があるのはありがたいが、とにかく寒い。

インスブルックからイタリア側へ走ること30分、撮影ポイントを探し出してヴェネツィアを出発したオリエント急行を狙った。天候に恵まれない日は鉄道の撮影も楽しい。

断崖絶壁の真横を翔け上がるDHC-8。空港適地に乏しい山中の街とはいえ、驚くような光景だ。

低下する。

　そんなときは荷物をまとめてレンタカーを走らせる。高速道路を30分も行けば国境のブレンナー峠に差しかかり、晴天率の高いイタリアで観光を楽しめるからだ。インスブルック市内には路面電車が走っていたり、イタリア方面には鉄道の有名撮影地もあったりするので、スケジュールを調べてオリエント急行を撮りに行ったこともある。また、さらに半日走れば水の都ヴェネツィアにも行くことができる。こうして便数が増える木曜日にはインスブルックに戻るのだが、これだけで10日間も費やすことになり、なかなか効率的に撮らせてはくれない空港だ。

シュニッツェルとポテトはオーストリアの定番料理。ビールともよく合う。

　２０１９年、20年越しにようやく自分が思い描いていた一枚をインスブルックで撮ることができた。この時も到着時は雪がほとんどなく、ガッカリしかけたのだが、その日の深夜から降り始め、朝はホテルの駐車場から車を出すのさえ苦労するほどの積雪となった。そして、チャンスはその日の午後にやってきた。雪雲が去って青空が姿を現し、視程も極めて良好。数機だけではあるものの、絶好の雪晴れのもと山をバックに離陸する機影を超望遠の６００㎜レンズで捉え、素晴らしい作品が撮れたのだ。好条件で撮るのが難しい空港だけに、喜びはひとしお。20年越しの夢がかなった帰りには滑走路端にあるスーパーマーケットに立ち寄り、購入したオーストリア産のワインで夜は祝杯をあげた。

　ちなみに酒といえばこのあたりのフルーティな味わいのするローカルビールは私のお気に入りで、オーストリア名物「シュニッツェル」（日本でいうところのカツレツ）によく合う。コロナ禍が収束すれば、再び祝杯をあげるべくインスブルックに行きたいと思っている。

どう見ても空撮にしか思えないカットだが、山上のポイントから撮ったもの。空港近くの山の標高がいかに高いかが分かるだろう。

OCEANIA

季節ごとに魅力的な表情を見せる

風光明媚な“名撮空港”

クイーンズタウン空港 | ニュージーランド

撮影ポイントを探す途中の山道で牛に遭遇。近くに飼い主は見当たらず、なかなか道を空けてくれなかったので往生した。

クイーンズタウン空港

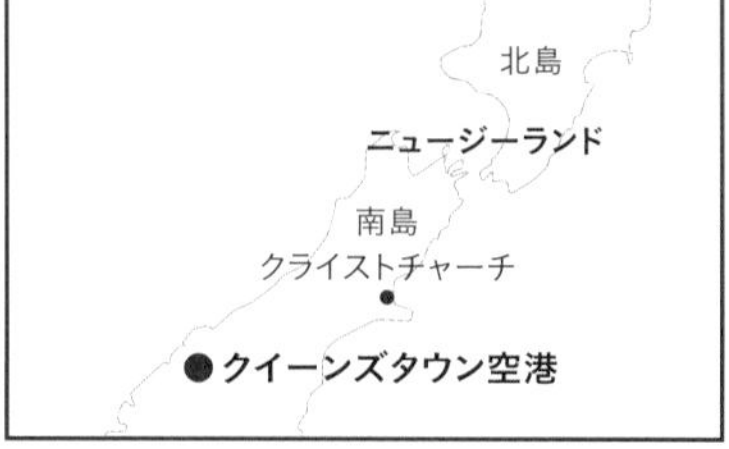

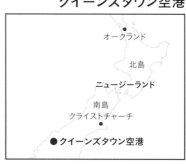

数少ない日本人の姿

アメリカや欧州、アジアなどと比べると、航空会社の数が少ないオセアニアは「スポッター」的には魅力に欠けるようにも思える。しかし、「絶景空港」という観点からは積極的に行きたくなる空港がある。それがニュージーランドの南島にあるクイーンズタウン空港と北島にあるウェリントン空港である。

最大都市のオークランドと南島の代表都市クライストチャーチには行ったことのあった私だが、ニュージーランドの地方都市のことはあまり知らなかった。そんなある年、雑誌『航空旅行ハンドブック』(小社刊)で、ニュージーランド航空協力のもと国内線に乗りまくるという企画があり、私が取材することになった。南島から北島までコミューター機を乗り継いでさまざまな街へ飛んだのだが、クイーンズタウンと首都ウェリントンの空港は撮影対象として非常に魅力的で、プライベートで再訪することにした。

空港の滑走路は1本だけで長さは1900m。平行誘導路はなく、出発・到着機が滑走路端で向きを変えるのは日本のローカル空港でも見られるシーンである。この滑走路とは別にグラスランウェイ(草地の滑走路)もあるのだが、軽飛行機やグライダー用で旅客機は使用できない。乗り入れ航空会社はニュージーランド航空、ジェットスター航空、パシフィックブルー(当時)と3社あったものの、使用機材はボーイング737やエアバスA320、DHC-8、ATRなど小型機ばかりである。

機材的には見所の少ないクイーンズタウン空港だが、風景は実に素晴らしい。

空港の南側には高い山が聳え立ち、東側にはクイーンズタウンの観光名所となっているワカティプ湖がある。西側は多少開けているため滑走路は南西/北東方向に設置されており、滑走路番号(方位)は05/23である。緩やかではあるが北側にも丘陵と山があるため、この方向にしか滑走路を設置できなかったのだろう。

旅客ターミナルは小ぶりな平屋だが、モダンなデザインがシャレており、駐機場方向はガラス張りで北側をまわる太陽の光がよく入る。レストランやバーからは、目の前のオープンスポットに駐機する機体や滑走路、背景の美しい緑の山並みを一望することが可能だ。

ニュージーランドは日本人好みの観光地ではあるも

傘雲がかかる岩山をバックにニュージーランド航空のA320がテイクオフ。谷底から早く抜けようとするためか、離陸上昇角度も急に感じる。

山麓でも美しい写真が撮れる。静かなワカティプ湖畔の午後のひととき、カンタス航空の737が山の上を離陸、上昇して行った。

のの、時間的にも距離的にも遠いクイーンズタウンに日本人観光客の姿はなく、ワーキングホリデーなのか空港の土産物屋で働く若い日本人以外、見かける人々の大半が白人だった。ただ、最初に取材で訪れた当時のニュージーランド航空のクイーンズタウン空港所長は日本人で、地球の裏側で責任あるポジションに就いて活躍する同胞の姿に感銘を受けたことを覚えている。

何度も再訪したくなる街と空港

山と湖が織り成す風景が美しいクイーンズタウンは夏がベストシーズンの保養地だ。ゴルフやハイキング、釣り、湖を航行する遊覧船などといったアクティビティを楽しむことができ、海外からも観光客が訪れる。冬場にはスキー場もオープンし、年間約130万人が訪れるという。

鉄道駅がないため観光客の多くが飛行機を利用するが、到着してオープンスポットの駐機場に降り立ったときは「空港と山がこれほど近い場所は見たことがない」と圧倒された。当時はグーグルマップのストリートビューも細い道までは網羅していなかったので、撮影ポイント探しも今ほど簡単ではない。地図で道路を探しながら風景を想像し、空撮のように機影を見下ろせるだろうと見極めたポイントへレンタカーを走らせた。

ところが、最初にあたりを付けたこの道路は山頂にあるアンテナなどの施設へと続く専用道路で、看板には「関係者以外立入禁止」とある。しかし、ここまできて諦めるわけにもいかない。再び地図と格闘しながら狭く荒れた砂利道を進んだり、行き止まりに突き当たって数百メートルもバック運転を強いられたり、さらには路上で牛に遭遇して行く手を阻まれたりした末に、スキー場に通ずる砂利道(現在は舗装されている)を発見した。ガードレールもろくに設置されていないようなワインディングロードを慎重に運転していくうちに、思い描いていたような撮影ポイントを見つけ出すことに成功。海外では情報が少ないがゆえに苦労はするものの、自分だけのオリジナルの撮影ポイントが見つけられる行程は実に楽しい。

最初の再訪となったのは2009年11月だったが、南半球なので現地は春である。山上から長望遠レンズで狙うとなると陽炎で機影が揺らいでしまう恐れがあるため、それを計算したうえでまだ気温の低い早春を選んだのだった。２０１２年には同様に気温の低い冬場の6月に訪れた。ただし、観光シーズンの夏場に比べると肝心の就航便数が少ないため、１回１回の撮影チャンスがとても貴重なものになる。

飛行機撮影が目的だったためオフシーズンの遠征が続いたが、クイーンズタウンに魅せられた私はオンシーズンの夏場にも訪れてみたいと思うようになっていた。そして、２０１８年に4度目の訪問。これまでは閉散として閉鎖しているホテルもあった街はシーズン真っ盛りを迎え観光客で賑わい、市街中心部では空いている駐車場を探さねばならないほどの混雑ぶり。ホテル代はオフシーズンの2倍にも跳ね上がっていた。

これだけ観光客が集まるとなると、当然ながら飛行機の便数も多く、こちらもやる気が出る。一方で、自分で開拓した「空撮風撮影ポイント」から長望遠レンズを機体に向けると、想定内ではあるものの、やはり陽炎が出る。ただし、冬は基本的に逆光だが、夏至から1か月以内は太陽の位置が高いため順光で狙えるだろうというのが今回の計算だった。夏場のクイーンズタウンは強い陽光に緑が輝き、草の枯れた冬場とは違う表情で魅了する。同じ撮影ポイントでも季節によって異なる絵を作れるのは飛行機写真の醍醐味といっていいかもしれないが、クイーンズタウンはそれを再認識させてくれる空港でもある。

なんとも美しいワカティプ湖。クイーンズタウンはこの湖の畔にある街で、岸辺には人家もなく雄大な自然が観光客を魅了する。

空港から車で20分の位置にあるアロータウン。かつてゴールドラッシュで栄えた街で、カフェやベーカリーが立ち並ぶ郊外の観光地。

ウェリントン空港へアプローチするニュージーランド航空のA320。斜面に建つカラフルな住宅街が風景を彩る。

OCEANIA

敷地外に管制塔が建つ構造もユニーク

小さな首都の小さなエアポート

ウェリントン空港	ニュージーランド

ウェリントン空港

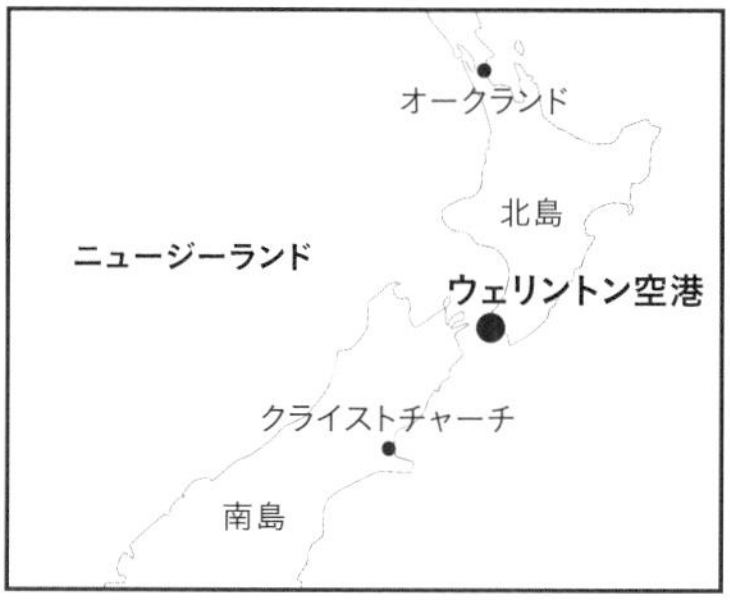

初めて訪れた際に旅客ターミナルビルの反対側から見た景色。3階建てのターミナルビルよりも遥か高い位置に住宅街がある空港は珍しい。

静かで風情ある首都

ニュージーランドの首都の名を問われて正確に答えられる日本人はどれくらいいるだろう。オークランドが首都だと勘違いしている人が多いと思うが、正しくはウェリントンである。日本から直行便も就航しているオークランドは経済の中心地であるため都市の規模もそれなりに大きいが、同じ北島にあるウェリントンは首都とは思えぬほど小ぢんまりとした街だ。空港も大きくはないが、風光明媚なことからクイーンズタウンと並んで個人的なお気に入りの場所となっている。

ウェリントン空港を初めて訪れたのは２００９年のこと。『月刊エアライン』（小社刊）で10年以上も続いている連載「世界オフライン紀行」の取材が目的で、ニュージーランドの東側に位置する離島へ飛ぶエアチャタムに乗るためだった。エアチャタムは１９５０年代にアメリカで製造されたコンベア５８０という超クラシック機を今でも運航していて、同社は遊覧飛行として名機ＤＣ－３の運航も行っている凄い航空会社だが、「超」の付くようなクラシック機に寛容なニュージーランドという国も航空ファンとしては素晴らしいと思う。

さて、エアチャタムに乗るために訪れたウェリントン空港でターミナルビル内からガラス越しに滑走路を眺めていると、その向こう側のさほど遠くない位置に住宅街の広がる小高い丘があり、ときどき車が走ってゆくのが見えたりした。飛行機や空港施設だけでなく、その土地の特徴や雰囲気を作品の中に盛り込みたい航空写真家の感覚としては、空港を見下ろすことのできる地形は魅力的な撮影ポイントとしてつい惹かれてしまう。

1956年製造のコンベア580は半世紀以上経過した2020年時点でも活躍中。ウェリントンにもときどきやってくる。

通常、空港は飛行の妨げになるものがない平地に建設するものだが、地形的な理由から斜面の下に滑走路を建設せざるを得ない土地もあり、日本ならば石垣空港や広島空港などが該当する。調べてみるとウェリントン空港も滑走路両側に丘があるため、宙に浮いている飛行機の背景に斜面の風景を入れられるのはほぼ間違いなく、素晴らしい情景写真が撮れそうであった。エアチャタムの取材を終えて日本に帰っても、ウェリントン空港周辺の地形は私の頭に刻み込まれていた。

敷地外に建つ管制塔

ウェリントンの街は一国の首都としては実にコンパクトで、高層ビル群や大規模なビジネス街があるわけでもない。海辺の静かな地方都市といった風情で、喧騒とは縁の遠い雰囲気のいい街だが、日本人の観光客を見かけることは稀である。それでも空港は首都の玄関口だけあって便数が少ないということはないが、かといって多忙空港というほどではなく、日本で例えるならば仙台空港あたりが規模的に近いだろうか。就航機材はボーイング７３７やエアバスＡ３２０、プロペラ機などといった小型機が大半で、大型機は週に２～３便のシンガポール航空の７７７くらいである。

誘導路は晴れているのに滑走路端付近には霧が押し寄せる。海辺が近いからこその気象現象だろう。

そのウェリントンへは、エアチャタムの取材からさほど間を置かずに再訪することができた。季節による光の強さや太陽の位置の違い、その日の風向きなど、飛行機写真を撮影したり構成したりする要素は奥が深い。ところがこの時の撮影旅行は連日の大雨に祟られ、外出するのも厳しいくらいのコンディションでお手上げ状態だった。遥々南半球までやってきて収穫なしで帰るのは実に悔しいが、航空写真家は飛行機だけでなく天気も相手にしなければならない仕事なので、こればかりは仕方がない。

とはいいながらも、ウェリントンでの撮影を諦めたわけではなく、さっそく三度目の訪問を企てた。前回、雨に祟られたのに懲りて、今回はスケジュールに余裕を持たせてある。その代わり、コストを削減するため、ＬＣＣのジェットスター航空を利用してゴールドコースト経由でのウェリントン入りである。規模の小さい空港なので前回は徒歩で撮影ポイントを探したが、今回はレンタカーを借りて機動力も万全だ。

空港周辺の地理に関しては事前にグーグルマップな

入り江と緑の丘と民家を背景にA320が着陸してきた。これほど風光明媚で、その土地らしい雰囲気を出せる空港は数少ない。

自然豊かなワイルイオマタコーストを横目にA320がアプローチしてくる。到底首都空港には見えない風景だ。

離陸上昇中のA320と同じ高さから、背景に家屋や入り江を取り込んで絵を作る。「こんな景色が撮りたかった」という1枚。

どで頭に入れておいたが、実際に現地へ行くと電線が邪魔になったり車を停めるスペースがなかったりと、事前の想定通りにはいかないもので、いつものように撮影ポイントを求めて奔走することになった。

ウェリントン空港は2000mの滑走路が1本のみで北と南の両側を丘によって挟まれている。開けているのは滑走路の延長線方向のみで、両エンドは入り江に面しており、地形的には半島の付け根部を少しだけ埋め立てて滑走路用地を造成している形だ。

谷間のような地形に加えて水温の低い海面が近いということは、パイロット目線で言えば気流が乱れやすく注意が必要な空港ということになる。私はセスナ機を使用する珍しい旅客定期便でウェリントンから南島へフライトした際に副操縦士席に座らせてもらったことがあるが、降下進入中にはまるで振り子のように揺れた。機内から見えた景色は海沿いの断崖で、いかにも気流が乱れそうな地形であった。

滑走路方向は南東／北西向きの16／34。これは成田や羽田、福岡など、日本でもお馴染みの滑走路方向なので、光線の回り方などは慣れているのだが、ここは

空港にほど近いショッピングモールに建つ新管制塔。旧管制塔は住宅街のど真ん中に建っていた。

南半球なので太陽が北側を回るため撮影しながら頭がちょっと混乱してくる。

撮影ポイントに定めた空港周辺の丘には戸建ての家が建ち並んでいた。飛行機好きには空港を一望できる最高のロケーションだ。しかも、空港のターミナルビルよりも周囲の丘の上にある家の方が高いということ自体、そもそも珍しい。

そんな丘の上の住宅街には意外な建物も建っていた。空港の管制塔だ。拙著『世界のビックリ空港探訪記』でも紹介したことがあるが、風変わりな地形のせいで敷地内よりも滑走路脇の丘の上の方が進入コースが見やすいことから、ここに建てたものらしい。民家の隣に管制塔があるなどという空港は、世界的にもあまり例がないのではないか。その管制塔は近年新しいものに建て替えられ、場所も移転してしまったのだが、新管制塔の建設地も相変わらず空港の敷地外で、今度はスーパーマーケットのモールの一角に建っている。

肝心の撮影の方は三度目の正直で、ようやく納得のいく写真を撮ることができたが、ユニークな施設の構造も含めて、何度でも行きたくなる空港である。

第4章

魅惑の都市型エアポート

美しい自然に囲まれた空港もいいが、大都市に近い場所に立地する空港も絵になるものだ。都市の風景というのは一様ではないため、場所や国によって表情の違いがはっきりしているのも興味深い。大都市空港の場合、就航するエアラインや便数が多いことから、飛来する機体の数々から空港や国家の地政学的な条件や時代の変化を読み取れることもある。

ロンドン・シティ空港［イギリス］

世界的に有名な証券会社や銀行の建物が並ぶ「シティ」のビル群の近くに立地するロンドン・シティ空港。左手に見える白屋根に黄色い柱の奇妙な建造物はO2アリーナだ。

EUROPE

大都市のど真ん中に急角度進入！

究極の都市型エアポート

ロンドン・シティ空港 | イギリス

ニューヨーク線専用機材であるブリティッシュ・エアウェイズのA318CJエリート。写真に写っているのは2号機で、すでに売却されてしまった。

ロンドン・シティ空港

レアなA318が就航

イギリスのカルチャーは知れば知るほど面白い。音楽ならばビートルズを筆頭に有名アーティストは枚挙にいとまがない。私は自動車好きでもあるのだが、ロールスロイス、ベントレー、ロータス、ジャガー、ランドローバー、アストンマーティンなど名門ブランドが目白押しで、自動車趣味の最終到達地点はイギリス車とも言われるほどだ。航空機メーカーだって負けてはいない。ホーカーシドレー、「ＢＡｅ」の略称で知られるブリティッシュ・エアクラフト・コーポレーション、ブリストルなど、かつては多くの企業が競い合い、超音速旅客機コンコルドも半分はイギリス製だ。自動車製造の名門ロールスロイスは今も航空機用エンジンの有力メーカーである。

そんなイギリスは飛行機の登録記号をメモしたり撮影したりしてコレクションする「エアクラフト・スポッティング」の発祥地でもある。日本にもスポッティングを趣味とする人は少なくないが、そのほとんどがカメラで撮影するのに対し、イギリスでは今も単眼鏡や双眼鏡で登録記号をチェックしてメモするだけの伝統的なスポッターが少なくない。世界各国から多彩な旅客機が集まるロンドン・ヒースローはスポッターにとっては聖地的な空港だ。

そのロンドンには大手航空会社が乗り入れるヒースローのほかに、チャーターエアラインやＬＣＣが数多く就航するガトウィックやスタンステッドなど複数の空港があるが、とりわけ個性的なのがシティ空港だ。乗り入れているのはコミューター機やリージョナルジェットが中心ではあるものの、究極の都市型空港らしいカットが撮れるのが魅力である。

シティ空港はロンドンを貫くテムズ川の中州にあり、その名の通り金融街の「シティ」からも近く、ビジネスマン御用達だ。東京に例えるなら近くを隅田川が流れる佃島や築地あたりに空港がある感じだろうか。

シティ空港では東風運用の場合、着陸機がロンドンの市街中心部を降下、進入してくる。羽田空港でも２０２０年春より南風時の東京都心上空通過が始まり、これをめぐっては賛否両論喧しかったが、伊丹や福岡のように都市部の直上をアプローチ機が通過する空港は珍しくなく、ロンドンもそうした都市の一つである。

散歩中の地元民の向こうにいるのはランウェイ09にラインナップするLOTポーランド航空のE170。手前のテムズ川ではレガッタやカヌーの練習がよく行われている。

川の中州にあるとはいえ、東側はビジネス街、北は大学、西と南は住宅街と工場に囲まれている立地条件からシティ空港の規模は小さく、滑走路は1本だけで長さは1508mしかない。日本でジェット機の定期便が就航している空港は滑走路長が2000m程度はあるのが普通だから、かなり短いといえるだろう。そのため運用上の制限が多く、乗り入れ機材もプロペラ機のほかはエンブラエル170やBAe146、エアバスA220といった小型機がほとんどだ。それでもビジネス利用者が多いことから、パリやチューリヒなど欧州の諸都市などへの国際線も珍しくない。時間を惜しむ多忙なビジネスマンにとっては都心部にあり、ターミナルも小さいシティ空港は非常に便利なのである。

こうしたシティ空港の就航機の中でもっとも注目されるのはブリティッシュ・エアウェイズ（BA）のエアバスA318だ。この機体はただのA318ではなく、シティ空港の規制に対応する急角度進入（スティープ・アプローチ）を可能にした特別仕様機で、BAも2機しか導入していない。A220が登場するまでは最小のエアバス機だったA318だが、この特別仕様機が投入されているのは花形路線のニューヨーク（JFK）線。

しかも、コールサインはかつてのコンコルド便を引き継ぐ「スピードバード００１」（ＢＡ００１便）だ。機内はオールビジネスクラスで32席という豪華仕様。２機体制だった以前はＢＡ００１〜ＢＡ００４便の便名が割り当てられていたが、２０１７年に2号機（登録記号Ｇ-ＥＵＮＢ）がチャーターエアラインのタイタンエアウェイズに売却されてしまい、現在は１機体制となっている。

Ａ３１８は製造機数が少なく、ただでさえレアなモデルなのだが、ＢＡのＡ３１８は正確にはＡ３１８コーポレートジェット・エリートというタイプで、エアラインが通常オーダーしないＶＩＰ仕様機だからなおさら希少価値が高い。このタイプは航続距離が長いのが特徴の一つだが、さすがにニューヨークへは直行できず、大西洋を越える前にアイルランドのシャノンにテクニカルランディングして給油する。ただ、ここでアメリカの入国手続きを済ませてしまうため、ニューヨーク到着後はスムーズに入国できるメリットもある。ちなみに帰りはジェット気流に乗ることができる東行なのでシティ空港まで直行する。

土日半ドンの運用時間制限

私が初めてこの空港を訪れた際は鉄道を利用した。滑走路長が１５００ｍしかないのだから、空港周辺は徒歩で散策可能だと想定していたのだが、中州に立地している関係で反対側へ回り込むには遠くの橋を渡る必要があったりして、重いカメラバックを担ぎながらの空港一周は骨が折れた。

しかも驚いたことに、この日は午後から飛行機が１機も飛ばなかった。シティ空港の運用時間は平日が６時30分〜22時30分だが、土曜日は13時で終了、日曜日の午前中まで運用を停止し、12時30分から運用が再開される。現地を訪れるまで私も知らなかったのだが、この日はたまたま土曜日なのであった。この運用時間制限は周辺住民に配慮したもので、土日はビジネス利用者が少ないので便がなくても影響が少ないのだろう。

地元メディアによると、市長選挙の際にもシティ空港の廃止を訴えたり拡張を認めなかったりといった反対派候補が多いようだ。こうした騒音問題を抱える都市型空港であるがゆえ、運用時間制限だけでなく、世界でも類例がほとんどない５・５度の急角度進入が基

夏は日没が遅いため、遅い時刻の便が到着してもまだ残照がある。街のネオンが灯る頃に着陸したエンブラエル機は滑走路を180度ターンして駐機場へと向かう。

離陸機は「VXクライム」と呼ばれる最大離陸上昇角度で一気に高度を稼ぐ。これも騒音対策の一環である。

本になっており、前述のＢＡのＡ３１８もこれに対応したものなのである。以前はＳＴＯＬ機（短距離離着陸機）専門の空港と言われていたが、現在は対応可能な機種も増えてきた。ちなみに通常の空港の進入角度は３度で、羽田空港の都心上空ルートの進入角度が３・５度に設定された際には安全性をめぐって物議をかもしたりしたが、長年５・５度の急角度進入を実施しているシティ空港を知っている者にとってはいささか違和感を覚える議論であった。

欧州の大都市空港は郊外に設けられていることが多いせいか、撮影をしていて背景に大きな市街地が入るという空港はあまりないが、シティ空港は滑走路の延長線上に金融街の高層ビル群が建ち並んでいるので、大都市らしい絵作りをできるのが魅力だ。

ある年には、夕景を狙ってシティ空港に向かった。天気が安定しないことで有名なロンドンには私も辛酸をなめさせられてきたが、この年は天候に恵まれた。もちろん、前回の教訓を踏まえて土曜日は避けている。

早めに現地へ到着し、東側にあるマリーナの駐車場にレンタカーを停めて、空港の横を流れるテムズ川でレガッタの練習に励む大学生と飛行機が絡むシティ空港ならではの景色を眺めたりしながら夕暮れを待つ。陽が傾くころに東側のサー・スティーブ・レッドクリーブ橋へ向かい、「シティ」の街並みへ望遠レンズを向けると、シティバンクやＨＳＢＣなど、ビル群には世界に名だたる金融企業のロゴが掲げられているのが見えた。また、手前にはピアース・ブロスナン主演時代の『００７』がテムズ川のボートチェイスの末にたどりついたＯ２アリーナの白い円形の屋根も見えた。ロンドンらしさを表現するには最適の演出装置だ。

こんな環境の中で一心不乱に撮影していると、突然「良いカメラを持っているね」と一人の男性に話しかけられた。ひと気がない場所で陽も暮れそうな時間帯だったのでちょっと身構えてしまったが、聞けば近くのカレッジに通う東欧出身の大学生だそうで、アートな写真に興味があるという。このあたりの大学は欧州各地からの留学生も多く在籍しているらしい。夕陽に照らされた空港を見ながら、写真や彼の母国のことなどについて話をし、日暮れとともに別れたが、金融だけでなく学問の面でも世界から多くの人が集まるロンドンという都市の一面を知る触れ合いにもなった。

NORTH AMERICA

風情あるターミナルビルも印象的
ポトマック川沿いの首都空港

ワシントン(DCA)空港 | アメリカ

ポトマック川に沿って機首を振りながら降下するデルタコネクションのエンブラエル170。背景に写っているのはバージニア州ロスリンの街並みで、ワシントンD.C.周辺ではもっともビル群が集中している場所だ。

ポトマック川上空をアプローチ

アメリカにおける政治の中心地、ワシントンD.C.。日本からANAの直行便が乗り入れるのはワシントン・ダレス（IAD）空港で、ターミナルはニューヨーク（JFK）空港のTWAターミナルをデザインしたフィンランド出身のエーロ・サーリネン氏の作品だ。

アメリカの他の大都市と違い、ワシントンのダウンタウンには高層ビル群が存在しない。そのかわり横幅のある官庁の建物がずらりと並んでいるあたりは首都の風格を感じさせる。首都周辺にはハリウッド映画にもしばしば登場するCIA（アメリカ中央情報局）、NSA（アメリカ国家安全保障局）、ペンタゴン（アメリカ国防総省）、FBI（連邦捜査局）など各省庁の本局があるが、それらに近い位置にある空港がロナルド・レーガン・ワシントン・ナショナル空港、通称「DCA」だ。

DCAは、とりわけターミナルBとCのデザインが素晴らしい。1960年に建設され1997年に改修されたターミナルビルはガラス張りの壁面に丸屋根が連なる外観も特徴的だが、高々とした空間を細い柱で支えるレトロな内装はいっそう印象的だ。このような建築は他の空港では見たことがなく、イメージとしては空港というより欧州の歴史ある鉄道駅に近いかもしれない。

改修を担当したデザイナーはアルゼンチン人のシーザー・ペリ氏だが、同氏は前述のエーロ・サーリネン氏の事務所でプロジェクト・デザイナーをしていた経歴があり、JFK空港・TWAターミナルのデザインにも参加した。ペリ氏は日本とも縁が深く、羽田空港第2・第3ターミナルの

ランウェイ19側スレッシュホールド（手前）付近には公園があり、1日中ここで飛行機を眺めて楽しむこともできる。首都空港とは思えないほどのんびりとした雰囲気。

ワシントン（DCA）空港

ターミナルB、Cのコンコース内。欧州にある古い駅舎を思わせるようなデザインが特徴的。

高い天井と細い柱、ガラス張りの壁面から外光が差し込む構造は、伝統と先進性を融合したかのよう。改修を担当したシーザー・ペリ氏は羽田空港の第2、第3ターミナルのデザインにも参加している。

延々と連なる丸い屋根が印象的なターミナルBとC。DCAを特徴づけるこのターミナルは、主にアメリカン航空が使用している。

デザインにも関わっている。DCAの場合はオリジナルの建物をリニューアルしたものではあるが、建築に詳しくない素人目にもガラスを多用したスタイルが羽田の第2・第3ターミナルに通じていると感じる。ペリ氏はNTT本社ビルやマレーシアのペトロナス・ツインタワー、香港のインターナショナル・ファイナンスセンターなど世界の名だたる高層ビルの建築でも名を馳せている。

DCAには滑走路が3本あるが、長さは1524m、1586m、2185mと首都空港としてはいずれも短く、大型機は乗り入れていない。大雑把な感覚でいうと、エンブラエルなどのリージョナルジェットが約半数、残りが737やA320クラスの小型機で、たまに757が来ると「大きい」と感じる。

乗り入れエアラインは国内線が中心で、中でもアメリカン航空とデルタ航空が多い。他にもフロンティア航空やジェットブルー、アラスカ航空、サウスウエスト航空などが就航するほか、国際線としてエア・カナダなどもやってくる。アメリカのビッグスリーのなかでユナイテッド航空の勢力が弱いのは、同社のハブであるIADに便を集約しているためだろう。

空港は有名なポトマック川に面している。実はDCAはバージニア州内にあるのだが、ポトマック川を渡れば行政区がワシントンD.C.に変わる。地図を片手に撮影ポイントを探していると、「ヘインズポイント」と呼ばれる対岸の公園からペンタゴンの建物がちらりと見えたりエアフォース・メモリアルの記念碑が見えたりして風景がワシントンらしい。騒音対策により主滑走路である2185mのランウェイ19への進入は、DCAの電波標識148度に乗って進入し、3000ftを過ぎてポトマック川に差し掛かると、そのまま川の上空を飛行する。ただし、ポトマック川は流れがまっすぐではないので、アプローチの際は多少左右に機首を振ることになる。

パイロット用の進入チャートを見ると、空港まで3マイルの地点からは「ルーズベルト・メモリアルブリッジ」や「アーリントン・メモリアルブリッジ」を確認すること、その右手はホワイトハウスなど重要機関があり飛行禁止区域に指定されているので東側へそれることは許されないこと、最後は「ジョージ・メイソン・メモリアルブリッジ」と「ロックハンブロー・メモリアルブ

降下するアメリカン航空の737の下方に見えているのはペンタゴンの庁舎。2001年9月11日の同時多発テロの際にはハイジャックされたアメリカン航空77便が突っ込み125人が死亡したが、今は完全に復旧している。

バージニア州アーリントンにあるエアフォース・メモリアルは戦闘機が上昇してゆくような3本の塔が特徴。横には国立のアーリントン墓地がある。

リンカーンメモリアルをバックにポトマック川上空で旋回するサウスウエスト航空の737。ワシントンD.C.ならではの風景だ。

リッジ」の2本の橋が重なる箇所を越えたら速やかにランウェイ19に変針して最終進入に入ることなどが分かる。ランウェイ19の最終進入経路や飛び方は珍しいが、北風の場合に使用するランウェイ01の着陸は進入経路の下にポトマック川があるのと、住宅が多くない地域を通るので、直線的なコースとなっている。

重要機関の密集地帯

世界のさまざまな空港で撮影をしていると、警察官や警備員に注意されるのは日常茶飯事だ。時にはマシンガンを向けられたり、逃げられないように駐車中のレンタカーの進路をパトカーでふさがれたり、カメラを取り上げられたりと、これまでにさまざまな経験をしてきた。ニューヨーク（JFK）空港では1日に何度も高圧的な職務質問を受けて閉口したので、同じ同時多発テロの被災地であり、首都でもあるワシントンではセキュリティが厳しいものと覚悟していた。

ところが意外なことに、私が訪れた際には空港で撮影していても周辺の公園で撮影していても、職務質問は一切なく拍子抜けするほどだった。ただし、これはセキュリティレベルにより変わる可能性があるため、単に運が良かっただけなのかもしれない。

空港中央部の東側はちょうどポトマック川とアナコスティア川の合流点となっており、水路を挟んだ北側にはゴルフコースや公園がある。真正面から空港を見ることができる場所を探して車を走らせると、そこは広大な敷地の「ジョイントベース」と呼ばれる各機関の合同基地となっており、シークレットサービス、国防総省分室、海兵隊、沿岸警備隊、NCIS（アメリカ海軍捜査局）などがあるため、今回はセキュリティが厳しくなかったとはいえ、とてもではないが望遠レンズをかかえて付近をうろつけるような場所ではなかった。

逆に空港側から「ジョイントベース」を眺めるとヘリコプターの基地があり、たまたま大統領専用ヘリコプター「マリーン・ワン」がテイクオフしてホワイトハウスへ向かうシーンを撮影することができた。「マリーン・ワン」のベースは南にあるMCAFクワンティコ基地ではあるが、「ジョイントベース」にも格納庫や管制塔などの施設があるので、やはりこの付近は徘徊しないほうがよさそうだ。

キャピタルヒル（国会議事堂）を眺めていると、大統領専用ヘリコプター「マリーン・ワン」が旋回してホワイトハウスに着陸するシーンが見られた。

空港側からランウェイ19進入機に目を向けると、その後方には白く聳える「ワシントンモニュメント（記念塔）」が見える。この付近は「フランクリン・ルーズベルト記念碑」「トーマス・ジェファーソン記念碑」「リンカーン記念碑」「マーティン・ルーサー・キング記念碑」など、英語で「メモリアル」と呼ばれる記念碑のパレード状態。ほとんどの碑は低い建造物や彫刻だが、初代合衆国大統領を顕彰する「ワシントンモニュメント」だけはひと際高く、169mもある。完成したのも古く、1884年のことだ。当時は世界一高い建造物であったというが、1890年にエッフェル塔が完成するとその座を譲った。しかし、現在でもワシントンD.C.でもっとも高い建造物であり、ランウェイ19の進入コースとの距離は約1kmとわりあいに近い。さらに滑走路タッチダウンポイントにレンズを向けると、高さ88mで1866年に完成したアメリカ合衆国議会議事堂の巨大なドームも眺めることができる。ワシントンは寒くて撮影環境も過酷な冬場を除けば気持ちよく滞在できるほか、貴重な展示の多いスミソニアン航空博物館もあるので航空ファンにとっては楽しい街である。

都会的でありながら豊かな自然も感じられる水辺の空港、ボストン。ジェットブルーの拠点空港でもある。

NORTH AMERICA

歴史の香りと豊かな風情が漂う

多彩な表情で魅了する文化都市

ボストン空港 アメリカ

ボストン空港

コールスローにクラムチャウダー、カニの爪にカラマリというシーフードは毎日食べても飽きなかった。テイクアウトして撮影の合間に食す。

世界から人が集う名門大学も

アメリカの大都市の特徴は、街の中心に位置するダウンタウンに高層ビル群がかたまっていることだ。ビルの高さや数などは都市によって規模の大小があるものの、広大な平地に突然ビル群が出現するため、フリーウェイ走行時や、飛行機の着陸時に、ひと目でダウンタウンの位置が分かる場合が多い。空港は街はずれの郊外にあるのが一般的であるため、写真を撮っていてもビル群は遠くに写り込むのが普通だが、空港がダウンタウンから近いボストンはビル群も近く都会的な風景を撮ることができるのが特徴だ。

ボストン空港の正式名称は「ジェネラル・エドワード・ローレンス・ローガン空港」で、その名は地元出身の軍人に由来する。世界には人物名を冠する空港が実に多い。ニューヨーク「JFK（ジョン・フィッツジェラルド・ケネディ）」、ヒューストン「ジョージ・ブッシュ・インターコンチネンタル」、パリ「シャルル・ドゴール」、ジャカルタ「スカルノ・ハッタ」といったところが有名だろう。近年は日本でも「高知龍馬空港」や（人名とはいえないかもしれないが）「米子鬼太郎空港」といった空港名が登場しているが、こちらは正式名ではなく愛称で、偉人を顕彰するというよりは観光色が強い。

さて、そんなボストンには日本からも直行便が飛んでいる。ただし、路線としての歴史は浅く、JALが就航したのは2012年4月のことだ。

ボストンは周辺にハーバード大学やマサチューセッツ工科大学といった名門校があり、日本人以外に成田経由でアジアとの間を往来する人も少なくないようだが、ボーイング777-300ERや今は退役した747-400といった大型機の座席を埋めるほどの需要はない。かといって767など従来の中型双発機ではアメリカ東海岸まで航続能力的に届かないため、従来は中需要の長距離路線は開設が難しかったのだが、こうした路線にジャストフィットしたのがボーイングの新型機787ドリームライナーだ。JALの成田～ボストン線も787だからこそ実現できた路線といってよく、JALの787のデビューも開設当日の同路線だった。

ボストンはニューヨークやロサンゼルスほどの大都市ではないが、アメリカらしく空港の滑走路は5本もある

2012年に就航したJAL。幹線ほどの需要がない長距離国際線は787だからこそ開設できた路線だ。

緑豊かな高級住宅街でもあるウインスロップ半島。ハイソな佇まいと旅客機の組み合わせがよく似合う。

（旅客機が使用しているのは４本）。開港は約１００年も前の１９２３年で、その伝統は世界屈指といっていい。

空港の近くは水深の浅い湾となっているため滑走路建設は比較的容易だったと思われるが、滑走路配置は方向がまちまちで複雑なのもこの空港の特徴。これならばどんな風向きにでも対応できそうだが、飛行機写真を撮るのにも絵が単調にならないというメリットがある。一方で、風向きが変わるたびに撮影場所を移動したり、滑走路ごとに撮影ポイントを見つけなければならなかったりという苦労が伴うデメリットもある。

このように多様な絵が撮れるボストン空港の周辺にあって、とりわけ美しいのはウインスロップ半島だ。湾を挟んで空港の東側に位置し、庭のある大邸宅が並ぶ高級住宅街となっている。ボストンは緯度が高いせいかカリフォルニアやフロリダの豪邸のようにプール付きの家はあまり見かけないが、２〜３階建ての大きな家屋が建つ余裕たっぷりの敷地には手入れの行き届いた芝生が広がり、田園調布や成城といった日本の高級住宅街では比較の対象にはならないほどハイソな佇まいだ。大西洋に面するビーチにも近く、静かで快適な生活を送れそうな街である。海辺だけにシーフードも名物で、ローカルなレストランでは、クラムチャウダースープやカニの爪のフライ、小エビのフライなどといった海の幸に舌鼓を打つことができる。

乗り入れが多い欧州系

ボストン空港ではランウェイ04Ｌ／22Ｒと04Ｒ／22Ｌの平行滑走路をメインに、09／27と15Ｒ／33Ｌを横風用とした３方向で滑走路運用が行われている（短い15Ｌ／33Ｒは軽飛行機のみ使用）。西側を除けばぐるりと湾に囲まれるような地形だが、対岸の陸地と滑走路が近い上に滑走路横にフェンスがないのですっきりとした写真が撮れる。しかも、滑走路の標高が14ft（４・２ｍ）と海面に近く、満潮の際には１〜２ｍ程度の高さにしか見えない。絵的には水に浮かんでいるようなフォトジェニックな空港だ。

前述のように、この空港の魅力はダウンタウンの都会的風景をバックに離着陸する飛行機写真を撮れることにあるが、水辺の自然やマリーナに停泊する船舶などを取り込んだ風景的写真を撮ることができるのもいい。また、同じダウンタウンを取り込んだ写真でも、風向きや時間帯によって表情は多彩に変化し、アングルは無数に存在する。

アジア系の航空会社はＪＡＬと大韓航空くらいしか乗り入れていないが、アメリカン航空、デルタ航空、ユナイテッド航空の「ビッグ３」がいずれも就航するほか、ジェットブルーの拠点の一つにもなっている。

ダウンタウンのビル群に灯りがともり始める夕刻。美しいシルエットとなってA321がテイクオフしていった。アメリカの都市の鼓動が聞こえてくるようなワンシーンだ。

割安な運賃でグレードの高いサービスを提供することで独自の地位を築いたジェットブルーは機体ごとに尾翼デザインが異なるため、撮影していても楽しいエアラインだ。

一方、アメリカ東海岸は地理的に欧州に近いため、欧州系のエアラインはバリエーションが豊富で、ブリティッシュ・エアウェイズ、ルフトハンザ ドイツ航空、エアリンガス、イベリア航空、アリタリア‐イタリア航空、ターキッシュエアラインズ、ヴァージンアトランティック航空などが乗り入れており、時差の関係で午後になると続々と到着する。ポルトガルの離島アゾレス諸島を拠点とするアゾレスエアライン（旧社名ＳＡＴＡ）のように、欧州でもなかなか見ることができない小規模エアラインまでやってくるくらいだから、大西洋の両岸の結びつきの強さがうかがえる。

撮影アングルも就航エアラインもバリエーション豊かなボストンは、空港も街並みも他のアメリカの都市とはひと味もふた味も違う独特の雰囲気がある。これといって有名な観光地があるわけではないのだが、治安が良く徒歩で散策するだけでも楽しいエリアなので、何度でも訪れたくなる街であり空港なのだ。

改装前のTWAターミナル（TWAフライトセンター）。大きなガラス張りのエントランス、左右に伸びた屋根など、往年のターミナルの風格が備わっている。

NORTH AMERICA

ターミナルに航空文化息づく

ビッグアップルの表玄関

ニューヨーク（JFK）空港　アメリカ

航空会社ごとにターミナルのデザインが大幅に異なるのがJFKの特徴といっていいかもしれない。写真はターミナル2で右下に見えているのがターミナル間を結ぶ鉄道。

ニューヨーク（JFK）空港

かつては憧れの地だったNY

「ニューヨークへ行きたいか〜ッ!?」

そんな掛け声で知られる『アメリカ横断ウルトラクイズ』（日本テレビ）。断続的に計17回が開催されたが、国民的人気番組となった全盛期は第1回（1977年）から1980年代半ばくらいまでだっただろう。参加者の大半が海外に行ったことさえないという時代で、それが視聴者の憧れを誘い、人気を集めた大きな理由であった。しかし、それ以降はバブル景気もあって海外旅行が一般的となり、ニューヨークは苦労して行く土地ではなくなってしまった。番組も1992年にいったん終了するが、スペシャル版として1998年に再び開催されたときは、当時私が勤務していたコンチネンタル航空（現ユナイテッド航空）がスポンサーとしてサポートすることになった。

番組恒例の「成田じゃんけん」では国際線にもかかわらず出発間際まで搭乗者が決まらない、また成田発便の機内で行われるペーパーテストで成績が悪いとグアム到着後タラップを降りた時点でブザーが鳴り、入国することなく機内待機で成田に帰される——。これらは人気コーナーで番組前半のハイライトでもあったが、航空会社にとってはイレギュラーな対応だらけで手間も多く、コンチネンタル航空日本支社では専任担当者を用意するくらいであった。

かつてはこれほどまでに憧れの対象であったニューヨーク。そのニューヨークへ直行便で簡単に行けるようになった結果、日本から観光客が押し掛けたかというと必ずしもそうはならなかったようで、2013年にアメリカン航空の羽田〜ニューヨーク線、2016年にはデルタ航空の成田〜ニューヨーク線、2019年にはユナイテッド航空の羽田〜ニューヨーク線がそれぞれ運休した。私もコンチネンタル航空勤務時代に「ニューヨーク・ヒューストン線」担当の法人営業部に在籍したことがあるが、ニューヨーク（コンチネンタル航空の場合はニューアーク空港を使用）に出張の必要性がある企業は思ったほど多くはなく、航空券単価の安い観光客は利益をあまり産まず、営業的にはわりと苦戦したものである。アメリカ各地に出張するビジネスマンはもちろん多いが、ニューヨーク（ニューアーク）を経由するよりもヒューストン経由の方が便利なケースが珍しくなく、ニューヨーク線よりヒューストン線の方

世界のメジャーエアラインが集まるJFK空港。南米のアビアンカ航空や中東のエミレーツ航空、エルアル航空、奥には地元のジェットブルーなど、さまざまな顔ぶれが集う。

が販売に苦労するだろうという当初の予想に反し、蓋をあけてみれば地理的に乗り継ぎ利便性の高いヒューストン線の方が好調だった。

日本路線は苦戦することもあったニューヨークだが、アメリカ最大の都市だけに航空需要そのものは旺盛で、国際的な玄関口であるＪＦＫ（ジョン・Ｆ・ケネディ空港）、国内線がメインでマンハッタンに近いラガーディア、そして隣接するニュージャージー州にあるニューアークの3つの主要空港がある。世界各国から多くの航空会社が就航するのはジャマイカ湾と呼ばれる浅瀬に面したＪＦＫ空港で、滑走路は4本。80年近い長い歴史のなかでターミナルは増改築を繰り返したため複雑な構造となっており、結果としてターミナルビルは1から8まで存在している（3と6は現在欠番）。

このターミナルビル群の中でも注目したいのがジェットブルーが使用するターミナル5（Ｔ5）で、その中に「ＴＷＡフライトセンター」とも呼ばれるビルがある。「ＴＷＡ」とはアメリカン航空に吸収されたトランスワールド航空のことで、Ｔ5はこの空港がまだ「アイドルワイルド空港」と呼ばれていた1955年にＴＷＡが建築家のエーロ・サーリネンに設計を発注したものだ。現在はアメリカの国家歴史登録財やニューヨーク市歴史建造物としても認定されている。その後に大きく拡張され現在の形となったＴ5だが、1962年に完成したオリジナルの建物の主要部分は「ヘッドハウス」とも呼ばれており、翼を広げたような白亜の建物は曲線を帯びた未来的なデザインが印象的だ。

このターミナルはＴＷＡがアメリカン航空に吸収された2001年に営業を終了したものの取り壊されることはなく、その後はジェットブルー用の新たなビルが建てられて運用を再開していた。そして、「ヘッドハウス」が宿泊施設に改装され、2019年に「ＴＷＡホテル」としてオープン。新たに展望デッキも備えた建物として生まれ変わった。ＴＷＡに今も思い入れを抱く人は多いとはいえ、とうの昔に消えた航空会社の社名を今も残しているのはアメリカの成熟した航空文化が感じられて羨ましくなる。

「ヘッドハウス」はジェット機時代に突入した1960

年代の雰囲気を残し、ＴＷＡの主力機であったロッキードＬ‐１６４９コンステレーションが当時のカラーで展示されている。これは実際にＴＷＡで飛んでいた機体で、同社での運航を終えたのちは各社を転々とし、最後はメイン州のオーバーン空港にストアされていた。展示にあたっては、翼を外して機体をバラバラにしてから高速道路で陸送、ＪＦＫ空港で再び組み立てられたという。

アメリカでは「ＴＷＡフライトセンター」のように古く美しいターミナルビルを残している空港がときどきあり、私が毎年のように訪れるカリフォルニア州ロングビーチ空港のターミナルも１９４０年代に作られた建物を増改築しながら使い続けている。日本では門司港や日光など鉄道駅では同様の例があるものの、空港では南大東空港の旧ターミナルビルが空港の看板をそのままにしながらラム酒製造工場として使っているくらいだろうか。

ＪＦＫ空港はアメリカ東海岸の表玄関であるがゆえに、欧州、中南米、中東、アフリカなどのメジャーエアラインがやってくる。大西洋を渡るビジネスマンは多く、かつてはコンコルドがＪＦＫからパリとロンドンへ飛んでいたほか、複数のビジネスクラス専用エアラインがあった。一例を上げるとアメリカのＥＯＳやマックスジェットがＪＦＫ〜ロンドン・スタンステッドを２０００年代に運航。ブリティッシュ・エアウェイズ系列のオープンスカイは２０１８年までＪＦＫ〜パリ・オルリー間を結んでいた。これらビジネスクラス専用エアラインは景気が良くなると登場し、豪華な機内や専用ターミナルなどで話題になるが、景気悪化によりビジネス需要が減るとすぐに消えてしまうので、撮れるうちに撮っておくのが鉄則だ。

またＪＦＫ空港はジェットブルー発祥の空港でもあることから、専用ターミナルを持つほどに便数が多く、尾翼にさまざまな模様があるジェットブルーの機体をたくさん撮ることができるのも魅力の一つだ。アメリカのＬＣＣのサクセスストーリーで常に語られるのはサウスウエスト航空だが、同社はニューヨークへの進出が遅れた。その間にブラジル生まれのアメリカ人であるデビッド・ニールマンが創立したジェットブルーがＪＦＫ空港の発着枠を取得して成功のきっかけをつかんだ。ニューヨークの国内線といえばラガーディア

ANA東京行きの777-300ERがテイクオフ。空港南側はジャマイカベイ野生動物保護区になっているため滑走路に近づくことはできないが、低層の住宅街の上を飛ぶシーンを見ることができる。

エンパイアステートビルやミッドタウンの街並みの上を到着機がゆく。視程が良い夕刻はこんな景色が見えることもある。

空港に就航するのが常識だが、便数が多くて遅延が常態化しているうえにアクセスもあまりよくなかったことから、当時としては異例のＪＦＫベースという戦略を採って成功したのである。

全米一撮影に厳しいＪＦＫ

前述の「ＴＷＡフライトセンター」を除けばＪＦＫ空港には展望デッキがないため、撮影ポイントは使用滑走路に応じて外周で探すしかない。撮影ポイント探しはなかなか大変だが、空港からマンハッタンまでの距離は15㎞程度なので、場所によってはマンハッタンの摩天楼をバックにした写真も撮ることができる。

ＪＦＫ空港は撮影禁止ではないものの、ニューヨークは２００１年９月11日の同時多発テロ事件の中心地ということもあって警戒心の強い土地であるのはやむを得まい。空港周辺で撮影していると１日に何度も職務質問を受けるという日もある。公園など公共の場所で撮っていただけなのに「望遠レンズを持って飛行機を撮影している人がいる」と通報があって駆け付けたという警察官までいた。その時は翌日も同じ経験をしてさすがに閉口した。

アメリカの警察官は日本に比べて権限が強いようで、アメリカ人でも語尾に「サー」をつけるなど、気を使ったりしている。だからパスポートを見せて、照会されている間はおとなしくしていなくてはならない。待っている間に「ちょっとあの飛行機撮らせて」とお願いしても「ノー」と言われるだけだし、うかつに動くと撃たれても不思議ではないのだ。ようやく無罪放免となっても「あとどれくらい撮るつもりだ」などと問われ、言外に「早く立ち去れ」という意思を込めて威圧されることもある。

加えてＪＦＫ空港にはそもそも撮影適地が少ない。湾に面しているため飛行機までの距離が遠い上にランウエイ22Ｒ使用時の進入コースの周辺にあまり治安が良いとは言えないエリアがあるからだ。そんなわけで、アメリカの空港の中ではつい足が遠のきがちになってしまうのがＪＦＫ空港ではあるのだが、前述した「ＴＷＡフライトセンター」は２０１９年にリニューアルオープンしたばかりなので、コロナ禍が終息した暁には再訪し、新しい施設で古き良き１９６０年代の雰囲気を味わってみたいと考えている。

シドニーの中心市街地をバックにシドニー空港へアプローチするカンタス航空の737を空撮。シドニータワーは周囲の高層ビルに取り囲まれ、かつてよりも目立たなくなった。

OCEANIA

少年時代に憧れた南半球

「カンガルーの翼」が集う空港

シドニー空港 | オーストラリア

18歳で初訪問したシドニー

機体のカラーリングを見ながらその国に思いを馳せることは、長年飽くことのない私の飛行機趣味の原点のようなものである。飛行機好きだった子供の頃からこの思いは変わっておらず、今では飛行機を近くで見ることのできる環境に引っ越して、毎日世界へ空想の翼を広げているというわけだ。

とはいっても航空会社によっては頻繁に見かけるものとそうでないものがある。中でも長年日本に乗り入れているカンタス航空は、昔も今も一貫して早朝や夕刻に到着するスケジュールであることから日本での撮影チャンスが極めて少ない航空会社。そうなるとあの大きなカンガルーを描いた赤い尾翼やオーストラリアという遠い南半球の国への憧れがますます募るようになる。早起きしたところで1機しか撮れないのだから、どうせならベースのシドニーへ行ってカンタス機を撮りまくってみたい――。そう思ったのは今から30年ほど前の高校生時代のことである。勉強もせずに羽田空港のＡＮＡの孫会社でアルバイトに明け暮れ、1年間貯めた資金でシドニーへ向かった。

ちなみに高校1年のときにロサンゼルスへ飛行機が撮りたくて初の海外旅行をして以来、高校2年でコンコルドを撮りたくてロンドンとパリへ、そして高校3年でカンガルーの尾翼を撮りたくてシドニーへ行ったのだが、費用はすべてアルバイトで稼いだ。そのアルバイトの内容は当時機内で提供していた布のおしぼりをバスケットに入れて蒸す作業や国内線で使用し終わったポットが入った機内サービス用カートの清掃、スーパーシートの機内食のセッティング、機内搭載雑誌のセッティング、ドリンクとリフレッシャー（お菓子）

日本では早朝や夜に1機だけ目にすることができる程度のカンタス航空機だが、地元のシドニーでは当然ながら多数の機体を見ることができる。

シドニー空港

カンタス航空機以外にもジェットスター航空やニュージーランド航空など、日本では撮影機会が多くない航空会社を頻繁に目にすることができる。

のカートへの搭載といったもので、ときには成田空港へ〝出張〟してNCAの747Fの機体洗浄を行ったりもした。

仕事をしていると、時おり「タイプチェンジ」（機種変更）の放送が流れる。機種が変わると、当然ながらカートのサイズと数もその機体にあったものに変更しなければならなくなる。ふつうのアルバイトならば「L-1011から747SRに変更」とか「767-200から-300へ変更」と言われても何のことだか分からないが、こちらは機種名が元から頭に入っているのだから即座に対応できた。そんな〝特技〟は職場でも重宝されたものであった。

こうして18歳で初めて訪れて以来、シドニー空港には数年に一度は行くようにしている。オペラハウスなどがある市内中心部と空港との距離は直線で約8㎞と近く、市内のビル群と飛行機を絡めた写真を撮ることもできる。アメリカでは市内中心部を「ダウンタウン」と呼ぶのが一般的だが、オーストラリアはイギリスの影響なのか「シティ」と呼ばれることが多いようだ。

この街の「シティ」で目を惹くのは高さ309mの

シドニータワーだが、１９８９年に初めて訪れた際は突出して目立っていたタワーは年を追うごとに徐々に増えてきた周囲の高層ビルに埋もれてゆき、近年ではシドニータワーが低く感じられるくらいになった。長年に渡って同じ空港で撮影を続けていると、機種や航空会社のカラーリングの変化のほかに、空港周囲の背景となる都市の変化に気づくことができる。街や時代の移り変わりを感じられるのも、空港での飛行機撮影の楽しみの一つなのだ。

ボタニー湾に面しているシドニー空港は海と飛行機を絡めた自然風景的な絵を撮ることができるのも魅力の一つである。治安もそれほど悪くはなく、イギリス系の気質なのかスポッターもいて、飛行機撮影には理解がある。

18歳で初めて訪れた時は英語を話すことが全くできなかった私だが、何としても展望デッキ以外の撮影ポイントに行きたいと思っていた。するとスティーブンという名の地元スポッターが声を掛けてくれ、彼の車で外周撮影ポイントを案内してくれることになった。これが縁で帰国後もスティーブンとスライド交換のやり取りを行ったのは、今でもいい思い出である。

デジタルカメラ時代になってからスライド交換はすっかり廃れてしまったが、90年代までは自分の撮った写真、それもネガではなくポジフィルムを交換するという趣味が活発に行われていた。全世界のスポッターが国境を越えて郵送でスライド交換をしていたものだが、私も珍しい機体が現れると連写して枚数を稼ぎ、イギリスやドイツ、アメリカなどのスポッター仲間に送っていた。その際、郵便なので多少なりとも手紙を添えなければならず、相手から送られてくるスライドにも英文の手紙が添えられているわけだが、おかげで少しは英語も覚えたし、手書きの手紙を解読しては同封の見たこともない飛行機の写真を自分のものにできた喜びを噛み締めたものである。

このスライド交換は、ただ飛行機が写っていればよいというものではなく、機体は真横で光線状態は順光、レジ（登録記号）がはっきり見えていることが必須で、しかもフィルムはコダックのＫＲのみ、というのが厳しい不文律だった。どんなに珍しい機体でも条件に合わなければスライドが送り返されてくることさえある厳しさであったが、今のようにインターネットで世界の最新の機体や特別塗装機が簡単に見られる時代ではなかったので、スライド交換はとても有意義だったし、海外を訪れた際には普段郵便でやりとりしている本人に現地空港を案内してもらえることも多々あった。現在からするとかなりアナログな世界だが、見たことのない機体の写真に胸を躍らせることができるうえ、国際交流もできるという楽しい趣味であった。

南太平洋一円から就航

オーストラリアでは、これまでパース、メルボルン、ブリスベン、ゴールドコースト、ケアンズなどといった大都市空港だけでなく、小さな街の空港にも行ったことがあるが、大型機の便数や周囲の風景のバリエーションを考えるとやはりシドニー空港がベストだといえる。30年前にはカンタス航空のボーイング747SPや767をはじめ、関西にも乗り入れていたアンセット・オーストラリア航空やカンタスに吸収されたオーストラリアン航空が健在だったし、最近まではカンタスのエアバスA380や747-400ERといった超大型機も頻繁に見ることができた。さらにはヴァージン・オーストラリア航空、ジェットスター航空といった地元勢に加え、ニュージーランド航空、ニューギニア航空、エアバヌアツ、エアカラン、フィジーエアウェイズなど南半球各国の翼がやってくる。

オセアニアには小さな島国もあることから、過去にはエアソロモンやヴァージン・サモアなど、今は運航停止してしまった珍しい航空会社を撮る機会もあり、南太平洋の小さな国と外の世界をつなぐ都市としてシドニーが重要な役割を果たしていることを実感できたものである。

シドニー空港は世界に先駆けてシンガポール航空がA380を就航させた空港としても知られる。私も世界

エアバヌアツの737。シドニー空港には南太平洋の島国のレアな航空会社も多く乗り入れている。

シドニー空港はA380が世界初就航した記念すべき場所。その後、カンタス航空もA380を導入したが、コロナ禍の影響で運航を休止してしまった。

国際線ターミナルの展望デッキはなくなってしまったが、近くのホテルに「エアポートビュー」の宿泊プランが用意されている。

空港の周囲1/3程度を海に囲まれているシドニー空港。近くの小さなビーチも撮影ポイントの一つだ。

初の商業フライトとなる便にシンガポール航空のオフィシャルカメラマンとして搭乗する機会を得たが、シドニーに到着後は折り返しのシンガポール行き初便の離陸シーンを写真に収めるべくヘリコプターをチャーターして空撮を行った。それ以降、何度かここで空撮しているが、ボタニー湾の向こうに並ぶ白壁に茶色い屋根の統一感のある街並みや高層ビルが建ち並ぶシドニー中心部の都市風景などが実に美しく、魅了され続けている。

また、この空港の3分の1は海に面しており、空港南西側には名もない小さなビーチがあるのだが、グーグルマップに「プレーンスポッティング」と表示が出るくらい飛行機を眺めるには最高の場所で、夏はジェットスキーやヨットを楽しむ人の後ろを飛行機がランウェイ34Lへと向かう光景を眺めることができる。

シドニー空港の国際線ターミナルにはかつて展望デッキがあった。残念ながら現在はなくなってしまったが、その代わりに国際線ターミナル横にあるRYDGESホテルには「エアポートビュー」の宿泊プランがあり、室内から向かいの国内線ターミナルやランウェイ16Rの着陸機を眺めることができる。また「P7」国際線駐車場からも空港全景とシドニーの街並みを望むことができるほか、最近では国内線駐車場の屋上からも飛行機が見られるようになった。

シドニー空港には滑走路が3本あり、メインは約4000mあるランウェイ16R／34Lで、A380をはじめとした長距離便はこの滑走路を使用。これと平行する2438mのランウェイ16L／34Rは737／A320クラスの主に国内線に就航する小型機が使用する。もう1本のランウェイ07／25は横風用で長さは2530mしかないものの、大型機が着陸で使用することもある。

このように東西南北方向に滑走路が向いているため、滑走路の使用方向によって背景の景色が変わる。また地元の飛行機好きが集まる場所だった管制塔下は従来荒れ地であったが、最近になって正式なウォッチングポイントとして整備されたので、ぜひ一度足を運びたいと思っている。

シドニーは風光明媚な上に飛行機趣味にも優しい街。海外撮影を楽しみたいと考えている人にはぜひおすすめしたい空港の一つである。

北側のランウェイ25Rに着陸するA330。背景には東湾を挟んで屯門の街並みが入る。背の高さが同じ高層マンションが林立するのは香港の代表的風景だ。

ASIA

海上空港としては撮影ポイントも豊富

ダイナミックに変化するメガハブ空港

香港国際空港｜香港特別行政区

世界一の貨物空港

香港ほど、新旧で落差の大きい国際空港は珍しいかもしれない。

１９９８年まで運用されていた啓徳（カイタック）空港は、山を避けるため降下しながら急旋回して着陸する「香港カーブ」であまりに有名だった。空港は市街地のど真ん中にあったため、アプローチコースの両側に高層建築が建ち並んでいるような有様で、「進入中に窓から外を見ていると、マンションの屋上で洗濯物を干しているオバサンと目があった」などと言われたものだ。難易度の高い空港だけに事故も珍しくなく、滑走路は１本だけで拡張も不可能であったことから、現在のチェク・ラップ・コク国際空港へ移転することになったのである。

チェク・ラップ・コク国際空港はランタオ島沖の小島を造成して建設されたため、都市風景とは切り離された場所のはずであったが、空港開港後は何もなかった周辺の漁村は急速に都市化が進み、ホテル、ショッピングモール、そして香港に特有の高層マンションが建ち並ぶようになって、今では都市型空港の様相を呈している。

国際空港評議会のデータによると、そんな香港国際空港（チェク・ラップ・コク）の旅客数は世界13位、貨物取扱量は世界一の座を誇る（２０１９年）。20年ほど前までは貨物取扱量世界一と言えば成田空港であったが、貨物ハブの座を香港に奪われてしまったのだ。空港南側には巨大な貨物ターミナルが建設され、キャセイパシフィックカーゴやエアホンコンといった地元勢だけでなく世界各国の貨物エアラインが就航、ボーイング７４７クラスの大型貨物機がずらりと翼を並べ

UPSの747-400Fが東桶の高層マンションをバックに最終進入。香港国際空港は世界トップクラスの取扱量を誇る貨物空港だ。

香港国際空港

る。アゼルバイジャンや中東のマイナーな航空会社の貨物機が飛来することもある。香港は世界屈指の貨物空港の一面を持っているのだ。

この空港は開港以来、常にその形を変え続けているのが面白い。どの空港でも大なり小なり変化はあるものだが、香港国際空港の変化は非常にダイナミックだ。もともと広大だった埋め立て地はさらなる拡張が続き、ターミナルビルは本館に続いてサテライトがオープン。その後は東側が大きく埋め立てられて第２ターミナルビルが建設された。２０１８年には世界最長の海上橋「港珠澳大橋」が開通して香港とマカオが陸路で結ばれるようになったため空港の西側には大きな橋が見られるようになり、現在は第３滑走路と新ターミナルを建設すべく、空港敷地を６５０ヘクタール拡張するための大工事が進められている。

ターミナルに展望デッキが設けられたことも特筆すべきで、香港は治安が比較的良好で漢字圏であることから英語ができなくてもなんとかなり、日本からの距離も近いとあって海外撮影の登竜門的な空港であった。アジアで展望デッキを備えた空港は珍しく、あったとしても屋内だったりするので、香港の抜群の環境に惹かれて私も何度も通ってきた。

また、展望デッキ以外にもターミナル１の車寄せやバスを乗り継いで行ける整備地区で撮ることができるし、隣の東桶駅近くの港から小さな渡し船に乗り隣島から空港を眺めたり、視程さえよければ東桶駅からロープウェイで山上に登り空港を見下ろしたりすることも可能だ。海上空港としては撮影ポイントが豊富なほうだろう。

ところが、残念なことに第２ターミナルにあった展

香港国際空港は夜景も魅力的。現在展望デッキは閉鎖中だが、ターミナルの車寄せからも似たような光景を見ることができる。

エプロンに並ぶ各国航空会社の尾翼の彼方にはマカオへと続く橋が建設中だった。現在は完成し、陸路でマカオまで行くことができる。

第1ターミナルの全景。空港があるのは埋め立て地で、後方にはランタオ島の山並みが見える。現在は北側を埋め立て中で空港はさらなる拡張が続く。

急峻な山と港湾の組み合わせも香港らしい風景だ。視程がよければ、このようなシーンも撮れるが、香港では天候が難敵となる。

望デッキは２０１９年に工事のため閉鎖されてしまった。さらに民主化デモによる混乱やコロナ禍によって、そもそも香港へ行くこと自体が難しい状況に……。これまでは南側を向けば東桶付近のモダンな高層マンションをバックに着陸してくる機体を狙え、北側を向けば東湾を挟んで対岸に黄金海岸や屯門と呼ばれる地区を遠望することができ、さらに視程が良い夜は遠く深圳国際空港へ着陸する飛行機の灯りも見ることができた。そんな風景をしばらくは拝めそうにないが、展望デッキは２０２４年に再オープンする計画もあるので、今から楽しみにしている。

高層建築が並ぶ香港的風景

香港で飛行機を撮るうえで高いハードルとなるのは、撮影場所よりも天気かもしれない。香港在住の飛行機好きの仲間がいるので、風向き（滑走路の向き）や視程についていろいろ教えてもらっているのだが、日本では気温や湿度の下がる冬場に視程が良くなり青空の日も増えるのに対し、香港は年間を通して高温多湿で、冬場の視程も悪く離着陸機がほぼ見えないという日まである。以前、5月に訪れた際は晴れ予報にもかかわらず連日空が白く霞んで飛行機が見えないということがあった。見えないものは撮れないので、ろくに撮影することなく東桶のショッピングセンターでアウトレット品を買っただけで帰国したという苦い思い出もある。

平地の少ない香港では住宅やオフィスの大部分が高層ビルである。空港島の根元となる東桶地区は香港の中でも地価が安かったため空港開港後に高層マンションが乱立したが、それらはいずれも同じ高さで至近距離に建ち並んでいるのが特徴であり、香港らしい風景を構成するアイテムともなっている。そんな香港らしい都市風景と飛行機を絡めたいなら到着機が高層マンションの前を通過する西風の時に行く必要があるが、個人的な経験や現地情報を総合すると夏場がベストシーズンとなる。そのため最近では香港に行くなら夏と決めているのだが、その夏場も空気がクリアな日ばかりではなく、気温が40度近い灼熱となる日もあるのでそう簡単ではないのだが――。

香港国際空港は2本の滑走路を離陸用と着陸用で使

い分けて運用している。ただし、貨物ターミナルが南側にある関係で、南側の滑走路を離陸用に使用している時でも、貨物便は南側に降ろす場合がある。そうなると東桶の街並みが背景に見えるので香港らしいシーンを撮影するチャンスが訪れる。夜景が素晴らしいのは香港の大きな魅力だが、それは空港周辺でも同様。展望デッキが閉鎖された今でもターミナル1の出発階車寄せから夜景を狙うことができる。

一方で難点となるのはホテルの値段が高いことだ。空港隣接あるいは東桶のホテルは空港へのアクセスが便利な反面、宿泊料金が高額な日も多いため、最近では空港からタクシーで約20分のディスカバリーベイのホテルに泊まるようにしている。市内中心部は空港よりもさらに料金が高く、ホテル代をケチって街中の低予算のホテルを選んだこともあるが、治安面でやや不安を感じたほか、客室は狭く窓もない低水準な施設でおすすめすることはできない。

空港内に魅力が多いのも香港のいいところだ。値段はやや高いものの一般エリアには飲茶や麺類がおいしい飲食店が多く、グルメを堪能できる。

また、ここを本拠地とするキャセイパシフィック航空のラウンジが世界屈指の充実ぶりであることはよく知られており、香港が目的地でなくとも航空運賃が安価ならば敢えて香港経由にしてターミナル内で撮影＆ラウンジライフを楽しむというのもおすすめだ。ビジネスクラスラウンジだけで「ザ・ウイング」「ザ・ピア」「ザ・デッキ」「ザ・ブリッジ」の4か所があるのだが、２０１９年夏のデモ活動による空港閉鎖時にたまたま居合わせてしまった際には、時間をもてあまして全てのラウンジを制覇してしまった。中でも英国統治時代の面影を残す「ティー・ハウス」には膨大な種類のお茶が並べられ、専門家が用意するお茶を静かな空間でいただくことができるのだが、その時ばかりは外の争乱やいつ出発できるのかという不安を忘れてリラックスすることができた。

キャセイパシフィック航空のラウンジ内にあるティー・ハウス。落ち着いた空間でお茶をいただきながらリラックスすることができる。

第5章

世界の個性派空港

世界にはユニークな空港が数多くある。個性が発揮されるのは、空港の構造であったりターミナルビルの内装やサービスであったりさまざまだが、比較的没個性的なターミナルビルの多い日本の常識ではあり得ないような空港も世界では珍しくない。航空旅行が好きな人の中には、空港という空間自体を楽しんでいる人が少なくないと思われるが、一度は訪れてほしい空港は枚挙にいとまがない。

サムイ空港［タイ］

丘の上からターミナルを望む。滑走路の向こう側に小屋のような茶色の三角屋根が並んでいるが、説明されなければこれが旅客ターミナル施設だとは気づかないかもしれない。

ASIA

建築もサービスもユニーク

航空会社が作ったリゾート空港

サムイ空港 | タイ

島の名物であるココナツの木を守ろうというスローガン。空港施設内なのに野良犬がいるのはアジアの空港らしいおおらかさか。

サムイ空港

ラウンジ風の無料待合室も

リゾート地として知られるタイのサムイ島。玄関口であるサムイ空港はもちろん公共的な施設ではあるのだが、民間企業、それも航空会社が作った空港というのが珍しい点だ。ただ、日本にも民間企業が作った飛行場はある。茨城県にある竜ヶ崎飛行場もその一つで、東京都の調布飛行場から伊豆諸島路線を運航していることでお馴染みの新中央航空が管理しており、所有しているのは親会社の川田工業だ。1969年にオープンした時は日商岩井が所有していた。もっとも、竜ケ崎飛行場に定期便は就航しておらず、消防ヘリや防災ヘリが運航拠点としていたり軽飛行機の飛行訓練が行われたりするだけなので一般の旅客が利用できるわけではないが、公共性が高い施設であることに間違いはなく、着陸料や駐機場使用料、格納庫のレンタル収入などで運営されている。そう考えると、規模こそ違え、民間企業の事業としても空港運営はどの国でも成り立つものなのかもしれない。

実際に航空大国のアメリカでは空港が売りに出されることが珍しくない。バブル期にはロサンゼルス郊外の公共的な空港を日本人事業家が購入し、格納庫などの施設使用料で商業的な運営を行うかたわら飛行学校も経営していたことがあった。また本稿執筆時点でも、安価なものならば約2億円でペンシルバニア州の公共空港が売りに出されている。多少辺鄙な場所にあるが、空港が2億円とは安い。空港のオーナーになるなどということが、アメリカでは夢ではないのである。

少々話がそれたが、要するに資金さえあれば民間企業でも空港経営は可能だ。自社の運営となれば使い勝手がいいばかりでなく個性を出すこともできる。バンコクエアウェイズが運営するサムイ空港もそうで、ターミナルビルの形状や搭乗口のデザインなどが斬新で、リゾートらしさにあふれた個性豊かな空港だ。

空港の建設は1982年に始まり、1989年にオープンした。空港の顔となる車寄せとチェックインロビーは三角屋根の木造で、ガラス張りの屋根から外光が射し込む開放的なエントランスが印象的だ。壁がないためチェックインカウンターエリアはオープンエアとなっており、天井からぶら下がるランプ照明はディズニーランドのおとぎの世界を連想させ、全体的にエキゾチックなデザインが特徴となっている。カウンター横には「ココナツの木を守ろう、地球を守ろう」といった環境メッセージが掲げられており、エコフレンドリーな空港であることもアピールしている。

搭乗口までの動線沿いには「サムイパークアベニュー」というショッピングエリアがあり、保安検査前なので搭乗客以外でも利用することができる。搭乗客はショッピングエリアのタイル貼りの通路を歩いて進むのだが、ここは一部を除いて屋根がなく公園のような雰囲気。デザイン重視の割り切り方がある意味見事だ。そして搭乗口手前で保安検査が行われ、そこから先は制限エリア内となるが、アイランドスタイルのデザインで統一されており、搭乗口の屋根は三角の木造風で柱も樹木をイメージした茶色のペイントが施されている。

駐機場側には緑の芝生や木々が植えられ、リゾートらしくのんびりしたムードが素晴らしいターミナルビルではあるが、一方で野良犬や野良猫がターミナルビル内や搭乗待合室をうろついていたりするのはセキュリティという観点からいささか疑問符がつくのも正直なところ。また、エプロンにはボーイング７３７クラスが7機分駐機できるスペースがあり、搭乗待合室の横がラウンジ風の空間になっていてソフトドリンクとサンドウィッチやチップスといった軽食が無料で提供されるのには驚かされる。これは「ブティックエアライン」を名乗るバンコクエアウェイズが運営する空港だからこそできるサービスだろう。他に有料ラウンジがあるにもかかわらず、一般の搭乗待合室をラウンジのようにイスを配した贅沢なスペースとしているのは他の空港ではあまり例がないのではないか。

そして飛行機へ搭乗する際には、どこにでもあるような大型バスではなく遊園地のカートかトロリーのような乗り物でシップサイドまで向かうのも遊び心に満ちている。私が乗る便が出発する時は雨が降っていたが、腰から上は吹き曝しなので、ビニールの雨除けが伸びてくるようになっていた。一年を通して暖かい南国の空港だからできることとはいえ、サムイの10月〜1月は雨期だからこの構造では不便に感じそうなものだが、根がおおらかなタイ人は細かいことは気にしないのだろう。

空港を運営するバンコクエアウェイズの設立は１９６８年と意外に古い。エアバスＡ３２０シリーズ

空港の車寄せはガラス張りの三角屋根でメインの建物は茅葺風。平屋の建物ばかりが並び、「ターミナルビル」という表現はふさわしくないかもしれない。

とATR72でタイ国内のほか、ベトナムやミャンマーなど近隣諸国に定期便を運航している。2005年にバンコク～広島線、翌年にはバンコク～福岡線に就航して日本に乗り入れたものの、タイ・エアアジアXな

特徴あるデザインのチェックインカウンター付近。装飾的で複雑な屋根の構造や、ファンタジーの世界のようなランプのデザインが印象的。

一般客も入ることができるショッピングエリア。左手の並木の背後にブティック風の店舗が立ち並ぶ。この先が搭乗口となっている。

「メインゲート」と書かれた保安検査場前。この先は制限エリアだが、なんとものんびりとした雰囲気だ。チェックインカウンターからカートのようなシャトルも運航されている。

一見したところラウンジのようにも見えるがこちらは一般の搭乗待合室で、左奥が搭乗口となっている。

搭乗待合室の横にある「カーティシーコーナー」ではスナックやソフトドリンクを無料提供。大胆なサービスができるのも自社所有の空港だからだろう。

どLCCの台頭により2009年には日本路線から撤退してしまった。

当時、私は広島線就航の取材を行ったが、日本人CAが在籍していたほか機内食なども高品質で、「ブティックエアライン」の名に恥じないサービスだった。広島線就航に合わせて「HIROSHIMA」のシップネームを与えられたA319が登場したが、同機はシップネームもそのままに現在も運航されているので、いずれ日本路線の復活を期待したいエアラインである。

そんなバンコクエアウェイズはサムイ空港のほかにスコータイ空港とトラット空港も自社所有している。これらの空港は小規模ではあるものの、サムイ空港同様に特徴あるタイの建築様式を取り入れているので、そのうち訪れてみたいと思っている。

撮影はレンタルバイクで

サムイ空港は2000mの滑走路が1本しかなく、平行誘導路もないので離陸機は滑走路端までタキシングしてから180度ターンして離陸態勢に入る。着陸機はその逆だ。空港には進入表面といって滑走路端ギリギリに建物があってはいけない決まりがある。そしてよほどの特殊条件を持った空港を除きオーバーランした際に飛行機が止まれるエリアも設けられている。サムイ空港の場合、滑走路の両端は「ディスプレイスド・スレッシュホールド」と呼ばれるエリアがあるが、北側の滑走路端、正確には「ディスプレイスド・スレッシュホールド」のすぐ横に公道が通っていて、ここは完全に制限エリア内となっている。そのため道路左右には踏切番がいて、離着陸時には遮断機を下して車や自転車の往来を止める仕組みとなっている。

私が滑走路に近いこの踏切から飛行機を撮影しようと考えてスタンバイしていると、制服を来た踏切番が

滑走路端の道路を遮断する踏切から離陸態勢に入るバンコクエアウェイズのA319を見る。すでに遮断機の中に自転車で進入し、フライングぎみの少年の姿も見える。

目の前にやってきた。「撮影するな」と注意されるのだろうと覚悟したが、タイ語なので正確なところは分からないものの、どうやら「そこからだと撮りにくいだろうから、踏切の中に入って撮れ」と言ってくれているらしい。親切というか、ゆるいというか、こちらも思わず笑ってしまったが、タイ人の優しさや温かさを感じることができる一幕であった。

サムイ空港があるサムイ島はタイランド湾西部、バンコクの真南に位置している離島で、面積は252㎢と伊豆大島の2・5倍ほどの大きさだ。ココナツの木に覆われるリゾートアイランドだが、空港周辺は道路が狭く区画整理もされておらず、しかも丘陵地帯であることから高低差がある。

海外空港で撮影するときは、現地の足としてレンタカーを利用するのが常だが、サムイ空港の周辺には車を駐車できるような場所がないため、徒歩で移動することも考えた。とはいえ日中は灼熱の太陽が地面を照らす南国でカメラバッグを担いでの移動はしたくないし、急な雨の心配もある。そんなわけで移動手段に悩んでいるとホテルの周辺に小型バイクのレンタル屋が多数あるのを見つけた。しかも地元民だけでなく外国人観光客もスクーターで移動しているではないか。

「よし、これだ！」とは思ったものの、スクーターには乗り慣れていないので少々怖い。軽飛行機の操縦よりも自信がないほどだ。レンタルバイク屋にパスポートを預けなければならないのも不安だった。しかし、撮影のためにはそんなことは言っていられない。ここは思い切ってレンタルバイクを利用するほかなかった。

　こうして一番小さなサイズのスクーターをレンタルし、カメラバッグを斜めがけにしていざ出動。短パンにTシャツという軽装なので絶対に転ぶわけにはいかないが、スクーターは想像していたよりもパワーがあり、どうやら１２５ＣＣか１５０ＣＣのようだ。日本ならば中型自動二輪車の免許が必要になるところだが、レンタル屋のスタッフによれば「車の免許があればノープロブレム」なのだという。本当かどうか分からないが、ここは信じることにしよう。

スクーターをレンタル、カメラバッグをたすき掛けにして撮影ポイントを回る。道路が狭いサムイ空港周辺ではレンタカーよりもスクーターの方が便利だった。

　そんなわけで時にスコールに遭いながらも空港周辺を徘徊し、中でも訪問前に目星をつけていた滑走路横の高台にある仏教寺院の急坂を楽に登ることができたのはパワフルなスクーターのおかげだった。ここからは空港が一望できるほか、離陸機を高い目線から眺めることができた。観光地なので空港周辺道路にはカフェやコンビニがあり、雨宿りや乾いたのどを潤すのには困らないのだが、レンタカーよりも小回りの利くスクーターでの移動はとても便利だった。

　サムイ空港はスケジュールの関係で雨期に行ってしまったため、滞在中に晴れに恵まれたのは1日だけ。また、便数も1日7～8往復と忙しい空港ではないので収穫が大きいとはいえなかった。当時はシルクエアーやタイ国際航空なども就航していたが、原稿執筆時点の２０２０年秋ではコロナ禍の影響もあってかバンコクエアウェイズしか乗り入れていないようだ。

　個人的にサムイ空港はもう一度満足のいくまで撮影したい空港となっており、次回は乾季を選びたい。そして、それまでにはもう少し練習してスクーターを乗りこなせるようになっておきたいと考えている。

テイクオフしたアメリカン航空のA321の背景に聳える摩天楼のようなホテルはその名も「ニューヨークニューヨーク」。背景の山がなければニューヨークに見えなくもない。

NORTH AMERICA

ピラミッドもニューヨークもある

砂漠の中のエンタメシティ

ラスベガス・マッカラン空港　アメリカ

ラスベガス空港

アリゾナ州とネバダ州の州境にはコロラド川をせき止めて造った巨大なダムがあり、ラスベガスから行くことのできる観光地にもなっている。

個性的なカジノホテルが絶好の被写体となるラスベガス空港だが、空港駐車場から見ることのできる雄大な風景もアメリカ的で魅力がある。

グランドキャニオンの玄関口

個性的という点では、ターミナルビルも周囲の風景も変わっているのがラスベガス・マッカラン空港だ。ラスベガスはカジノの印象が強いが、各ホテルでは一流のショーやスポーツの試合などが開催されるなどエンターテインメントの街としても知られ、それが空港設備や風景にも反映されている。また、ラスベガスはグランドキャニオンやデスバレーといった国立公園の玄関口であることから、世界中から観光客が訪れる。

空港の滑走路は、4420m、3200m、2980m、2740mの計4本。以前は軽飛行機も利用することができ、私も自分の操縦でこの空港に降りた経験が何度もある。また、若い頃にはロサンゼルスから飛ぶ「グランドキャニオンとラスベガスツアー」のガイド兼副操縦士としてやってきては、空港西側の小型機ターミナルをカメラ片手にうろうろしていたものだ。その頃に夜のラスベガス発ロサンゼルス行きのフライトで見た光景は今でも忘れられない。真っ暗な砂漠の上を飛ぶのだが、小型プロペラ機なので高度は3000mほどと低く、地上に見えるのは延々と続く一本道のフリーウェイ上の車の灯りだけ。逆に上を見上げると満天の星空がコクピットウインドウ一面に輝いていた。目視の対象物がないので、計器を見ていないと高度感覚がなくなって恐怖を覚えることもあるのだが、この時ばかりは副操縦士席で計器を見るのも忘れて景色に心奪われた。

当時（1990年代）のラスベガス空港はまだのんびりしていて、自家用機向けの駐機場の横にはユナイテッド航空のボーイング737や747SP、MGMグランドエアやタジキスタンのタジックエアなどレアな航空会社の機体がストア（整備保管）されていたのだが、プリフライトチェック（飛行前点検）にかこつけて自分が操縦してきた機体近くの旅客機を撮影したりしたものだった。

また、ラスベガスへはJALも747-400で成田から直行便を運航していた時期がある。JAL撤退後にも直行便復活の話は何度か出たが、現在はアメリカン航空やデルタ航空が国際見本市が開かれるシーズンのみの期間限定で運航する程度だ。

近頃は、そんなラスベガス空港へロサンゼルスから約5時間かけてレンタカーで行くことが多いのだが、とくに金曜日はロサンゼルスエリアからラスベガスへ遊びに行く人が増え、時には渋滞に巻き込まれることもある。飛行機でも小一時間はかかる距離なので、空路を選ぶ人も珍しくはない。鉄道で行く選択肢はないのだが、2020年の初頭にヴァージン アトランティック航空の創始者であるリチャード・ブランソン氏が2023年を目途としたヴァージン・トレインの開通計画を発表した。450㎞の距離をわずか90分で結ぶというものである。すでにラスベガスのハードロック・ホテルも買収し、かなり本気度の高い計画に思われたのだが、その後のコロナ禍により先行きが不透明になってしまったのが残念だ。実現すればラスベガスはより身近な観光都市となるだろう。

カジノ所有の旅客機も

「旅客機の墓場」の章でも少し触れたが、ロサンゼルスからラスベガスへは、途中ビクタービル空港へ寄り道したりしてから、「I-15」（州間高速道路15号線）に乗って北上する。高速道路は無料で片側2〜3車線あり、ひたすらまっすぐに伸びているのはアメリカ的光景だ。

そんな砂漠の一本道を走り続けて到着するラスベガス空港では気温に注意が必要だ。夏場は、撮影はもとより日中の活動も避けた方がいいだろう。何しろ連日40℃を超える猛暑なのである。空気が乾燥しているので日本の夏のように汗でベタベタになるということはないものの、まるでドライヤーのような熱風に襲われて肺まで痛くなるような感覚になる。撮影していても、陽炎が出てピントが合わなくなってしまう。そこで最近は空気が澄んで撮影条件が良くなる冬場に行くようにしているのだが、1~2月は砂漠地帯といえども気温は10℃以下まで低下するので、こんどは震えながらの撮影となる。これほどの乾燥地帯にしては意外だが、遠くの山々はうっすらと冠雪さえする。

この空港の最大の魅力は写真の背景となる大型カジノホテルの外観が個性豊かで絵的に面白くなる点だ。眺める方向によっては荒涼とした砂漠地帯が広がり極端に表情が変わるので風景のバリエーションもある。ホテル街にはピラミッド風やニューヨークをイメージした建物、煌びやかな観覧車などが建ち、そんなラスベガス独特の街並みは空港の駐車場から眺めるだけでも楽しい。とはいっても毎年のように通っていれば飽きてしまいそうなものだが、カジノホテルはわりとスクラップ&ビルドが激しいようで行くたびに変化があるのがありがたい。

これらの巨大カジノホテルが建ち並ぶのは「ラスベガス・ブルバード」という目抜き通りで、街の中心地付近は人通りが多く、無料でショーを見物できるホテルもあるので徒歩で散策するだけでも楽しめる。

また、空港のターミナルビルもユニークだ。古くからある第1ターミナルのメインロビーは天井がミラーのようにギラギラしてカジノを連想させ、手荷物受取用のターンテーブルの横にはスロットマシンが設置されている。ホテル送迎用でタクシーのようにも利用できるリンカーンやキャデラックといったアメ車のリムジンが並んでいるのも特徴的で、到着直後からカジノとエンターテインメントの街へやってきたことを実感できるはずだ。

アメリカの空港には日本のような展望デッキはない

手荷物受取場にはスロットマシン、上からのびる時計はロレックス、天井はギラギラ反射するミラー——。ラスベガス空港は遊び心と非日常性に満ちている。

ため、ラスベガスで飛行機を眺めるポイントとしては駐車場か空港南側のイースト・サンセットロード沿いにある「マッカラン国際空港・エアクラフト・ビューイングエリア」がベスト。エアクラフト・ビューイングエリアからはフェンス越しではあるものの離着陸機が見える。就航機材はサウスウエスト航空、アメリカン航空、ユナイテッド航空などの737やA320クラスが中心だ。曜日にもよるが、午後になると大韓航空やヴァージン アトランティック航空、ブリティッシュ・エアウェイズの大型機もやってくる。

カジノホテル「ラスベガス・サンズ」には飛行機の運航部門がある。中央に見えるのは747SPで専用格納庫も大きい。両脇にはガルフストリームが並ぶ。

また、この空港に就航するユニークな機体としては、カジノが運営する旅客機がある。有名なのはラスベガス・サンズの機体で、同社はこの空港に大型格納庫まで保有している。本稿執筆時点（2020年秋）での保有機材はA340が1機、737が7機、747SPが2機、767が1機というちょっとした航空会社顔負けのラインナップで、ほかにもプライベートジェットの最高峰ガルフストリームも数機運航している。以前はL-1011トライスターを運航していた時期もあった。自家用ではあるものの、747ジャンボジェット、それも長距離型の異端児747SPをいまだに運航しているのは特筆ものだ。保有機材は全てVIP仕様で、747SPのうち1機は元ドバイ政府機、もう1機は元バーレーン政府機、767は元サウジアラビア王室関連所有機と経歴も凄い。シンガポールやマカオにも同じグループのホテルがあることから、時々給油のため日本の中部国際空港に寄港することもある。他にも豪華カジノホテルを運営するMGMミラージュグループのエンブラエル190コーポレートジェットト仕様機なども空港北西の駐機場にプライベートジェットとともに並んでいる。

こうしたカジノホテル所有機の詳細は明かされていないが、カジノのハイローラー（高額の賭け金で遊ぶ人）の送迎用として使われており、旅客は1億円以上を賭ける人が対象らしい。私は全くギャンブルをやらないのでよく知らないのだが、ラスベガスにはハイローラー専用の会場もあるのだという。一晩で数億円単位の大金を賭けて遊ぶような客ならばガルフストリームや人数によっては747SPでお迎えに行っても採算が取れるということなのだろう。

ここで撮影していると、最近では尾翼に漢字の書かれたプライベートジェットをしばしば目にするようになった。中国の富裕層がラスベガスで豪遊しているからだ。世界経済の変化が、ラスベガス空港を発着する飛行機を見ているだけでも分かるのである。

ラスベガス空港に関して触れておかねばならない、いや本当は触れてはいけないのかもしれないが、ここをベースとする謎の機体を持つ組織がある。通称はコールサインの「ジャネット」。737-600を6機とビーチクラフトなどのプロペラ機を保有し、登録記号はアメリカの民間機を示すNナンバーだ。空港の西

ルクソールホテルの前に駐機するのは謎めいた737、通称「ジャネット」。専用ターミナルの入口には武装した警備員が配置され、一般人は近づくことができない。

側に人を寄せ付けない強固なセキュリティの専用ターミナルがあり、乗客はアメリカ軍と契約している民間の技術者といわれる。行先はカリフォルニア州のエドワーズ空軍基地やチャイナレイク海軍武器センター、トノパテストレンジ、機密性の高い空軍基地であるエリア51など一般人は立ち入ることができない謎めいた場所ばかりだ。

７３７はホワイトのボディに赤いラインが入っているだけで社名やロゴのないシンプルな塗装。平日は何度も離着陸しているが、詳細は不明だ。７３７を何度も飛ばしてまで技術者を送り込むくらいだからハリウッド映画に出てくるような得体のしれぬ実験を行っているのかもしれないが、これ以上書くと私が消されてしまうのではないかなどと、背筋の寒くなるような想像もしてしまう飛行機である。

右が第1ターミナル、左は管制塔と第3ターミナル。乾燥した空気の中で照り付ける光線が強烈だ。

MIDDLE EAST

ターミナルはまるで地下神殿!?

巨人機A380が集う 砂漠の巨大空港

ドバイ空港 | アラブ首長国連邦

基本的にはA380専用のターミナルとして完成したコンコースAをエミレーツ航空本社屋上から眺める。巨大なA380が何機も並ぶとターミナルの大きさが分からなくなってしまうほど。

ターミナル3の車寄せの遠景。左手はドバイメトロの駅。右手の丸屋根がエントランス部分だ。チェックインカウンターなどの旅客施設は誘導路の下にある。

ドバイ空港

旅客施設の直上が誘導路

　エミレーツ航空の利用者が増えたせいで、日本人からも「ドバイに行ったことがある」とか「ドバイ空港を経由したことがある」などという話をよく耳にするようになった。いまや航空業界ではお馴染みとなったドバイ空港やエミレーツ航空だが、20年ほど前までは中東の航空会社といえばガルフエアの一強状態で、他社は取るに足らない存在だったように思う。当時は古いエアバスA310しか運航していなかった弱小のエミレーツ航空がその後にA330やA340、ボーイング777などを続々と導入し、それに伴って空港ターミナルも巨大になっていったのだから隔世の感がある。

　現在のドバイ空港にはターミナル1と3に加えてLCC用のターミナル2もあるが、主力となっているのはエミレーツ航空がほぼ独占的に使用するターミナル3だ。2013年にはA380専用（777も入る）とも呼ばれる巨大なコンコースAが全面開業した。

　ターミナル3の凄いところは、「ターミナルビル」と呼ぶべき建物がないことだ。車寄せと地下鉄（ドバイメトロ）の駅が接続しているエントランス、チェックインカウンター、到着ロビー、手荷物受取場などが、地下か半地下に作られているからである。地下といってもそれほど深くはなく、天井のすぐ上は誘導路となっている。つまり手荷物受取場やチェックインカウンターの上を飛行機が通過するという常識外れの構造となっているのだ。

　地下とはいってもターミナル施設の天井は高く開放感があり、真上を飛行機が通過しているなどということは一般の旅客は気づきもしないだろう。地下施設の

コンコースB（通称Bゲート）には777がずらり。これだけ同じ航空会社の機体が並ぶ空港は世界でも数少ないだろう。

メリットは旅客動線が比較的短いことで、チェックイン手続きを行ってから案内にしたがってそのままエレベーターを上がると、機体がずらりと駐機しているコンコースへ出る。地上にあるコンコースはガラス張りで楕円形の断面をしており、距離感やサイズ感が分からなくなるほど巨大な構造物だ。

到着階から出発階へと移動するエレベーターもサイズが大きく台数が多いのは、乗り継ぎ利便性を重視して設計されているためだろう。なにしろドバイ空港のエミレーツ航空利用者の実に半数以上が乗り継ぎ客なのである。空港利用者は2018年のデータで年間8600万人に上り、これは世界第4位の実績だ。日本でもっとも旅客数が多い羽田空港が世界第5位なので、国際線だけでそれを上回るドバイ空港の規模と急成長ぶりがうかがえるというものである。主要な利用者である乗り継ぎ客を飽きさせないように、レストランやショップ、ラウンジが充実しているのも特徴で、オイスターバーやエミレーツ航空のグッズショップ、さらには中東らしく金の量り売りをする店まである。

このターミナル3の横にはエミレーツ航空の本社が

ターミナル3の車寄せ。左手に見えるのがチェックインカウンターエリアで、分かりにくいがその真上を誘導路が通っている。

多数の利用者がスムーズに乗り継ぎできるようコンコース内のエレベーターはサイズが大きく数も多い。

到着エリアの手荷物受取場付近は神殿のよう。この天井の上が誘導路だとはだれも思わないだろう。

丸屋根と三角窓が特徴的なコンコース内上層部の空間にはラウンジが配置されている。コンコースAのラウンジからは各ゲートに直接エレベーターで降りることができる。

ある。私も撮影の仕事で何度か行ったことがあるが、本社以外の周辺施設も充実しており、日本人シェフもいるエミレーツ航空のケータリングキッチンや、日本人客室乗務員教官もいるエミレーツ・フライトアカデミーなど、航空会社に必要な全ての機能がそろっているといっても過言ではない。

また、『アルティメット・エアポート・ドバイ』（邦題『密着ドバイ国際空港』）というナショナルジオグラフィックチャンネルのドキュメンタリー番組があり、ここで働く税関職員、管制官、整備士、カウンタースタッフ、オペレーションセンタースタッフなどにスポットライトを当てている。運航遅延でスタッフと揉める乗客やエンジンのオイル漏れによる機体トラブルなどを赤裸々に描いていたりして興味深いのだが、「乗り継ぎ便が遅延して、出発ゲートを閉める5分前の段階で140人のお客様が来ていません」などというのはA380を運航するエミレーツ航空のハブ空港ならではのエピソードだろう。

本来ならば外部に知られたくないような話だろうが、これがエミレーツ航空の機内エンターテインメントでも放映されているのだから面白い。日本の企業文化との違いを痛感するが、トラブルだけでなく新人パイロットの厳しい訓練風景など熱い現場の様子も描かれており、そのリアリティー感が人気を集めている。2013年にシーズン1、2014年にシーズン2、2015年にシーズン3が撮影され、日本でも放送されていた。今でも時々再放送されているので飛行機好きなら必見の番組だ。

777がずらりと並ぶターミナル3のコンコースBはA380用のコンコースAとは地下鉄で結ばれている。本社の屋上から眺めるとターミナル3の全容をつかむことができ、私も何度か撮影したことがある。コンコースBも巨大で、片側だけで大型双発機の777が20機以上も並ぶ。これほど大きくてもなお停めきれない機体もあり、それらはいわゆる「沖止めスポット」に駐機している。新しいコンコースAはA380が並んでいるのだが、A380自体が巨大であるため、建物のサイズ感が狂ってしまう。777-200がやって来ると「小さい機体だな」とさえ感じるのだ。

このA380専用ターミナルは航空業界でも大きな話題となり、A380を100機以上も導入したエミレーツ航空に対しては「オイルマネーがあるからできるのだ」と、他社からやっかみの声も聞こえてくるが、実はドバイの原油産出量は少なく、観光や運輸で外貨を呼び込むための政策の一環である。かくいう私も以前「オイルマネーで」と書いたところエミレーツ航空の広報代理店から指摘を受け、詳細に説明してもらって納得したことがある。

エミレーツ航空は世界最大の旅客機であるA380を製造するうえでもっとも重要な航空会社だ。エアバスがA380を2021年まで製造し続けられるのはすべての受注のうち半数弱を占めるエミレーツ航空のおかげである。

A380はその巨大な収容力を活かして自由な機内配置ができるのが最大の特徴で、シンガポール航空、大韓航空、ルフトハンザ ドイツ航空、ブリティッシュ・エアウェイズ、カンタス航空、エールフランス航空、そしてANAなどが導入するたびに撮影取材に呼んでもらい、他機種では真似のできない豪華なキャビンに目を丸くしたものだが、10年もたたないうちに「A380では儲からない」というのが航空業界内の多数意見となっていった。

ところがエミレーツ航空は真逆の発想で、運航機材はA380と777のみ、つまりもっとも小さい機体が777という驚くべき戦略を打ち出した。2019年にはA330neo、A350XWB、777X、787-9を発注して戦略を多少転換し、将来的には機材をダウンサイジングする方向だが、同社は世界的な航空アライアンスにも属しておらず、強力なハブ空港と集客力さえあれば大型機のみでも利益を出せるということを実証した点で画期的な航空会社となった。ただし、コロナ禍の影響は大きく、多数のA380が運航を休止して保管状態に追い込まれてしまったのは残念と言うしかない。

ドバイでの撮影は拘束の恐れも

エミレーツ航空の仕事で同社の機体を撮影する場合を除き、それ以外の機体の撮影はなかなかハードルが高いのがドバイの実状である。撮影禁止とまでは明確に規定されていないものの、中東での撮影はリスクが高く、常識が通用しない面もある。撮影をしていたわけではないが、逮捕理由が明確でないままドバイで収監された日本人もいたので、無理は禁物だ。

　飛行機写真を撮影する私の仲間の中には、ドバイで乗り継ぎの際にコンコースで飛行機を撮っていて別室に連行された人もいる。そうかと思うと、滑走路近くのガソリンスタンドで撮影しているとパトカーがやってきたので、「まずい、捕まるかも」と焦っていると「暑いだろ、これでも飲め」と警察官がコーラをくれたなどという話もあり、一貫性がないから厄介だ。

A380がすっぽり入っても余裕がある格納庫。自社で重整備も行うことができる。

　空港周辺で望遠レンズを振り回しているとテロやスパイの容疑をかけられる恐れがあるので油断はできないが、それでもＡ３８０の多くが集まるドバイでは効率的に同機の写真コレクションが可能なので、この地で撮影する魅力には勝てない。私も数年に一度はドバイに行き、道路で張り込むなど苦労を重ねながら撮っているうちに、エミレーツ航空のＡ３８０の約90%は撮影済みとなった。

　これらのＡ３８０の中には日本と縁のある機体もある。かつてスカイマークが発注し、その後キャンセルした機体だ。ちなみにＪＡ３８０Ａとして日本のレジナンバーも登録された製造番号１６２号機はスカイマークの尾翼塗装でテストフライトまで行ったが、現在は登録記号Ａ６-ＥＶＢとしてエミレーツ航空で活躍中。また、スカイマーク向けの2号機でＪＡ３８０Ｂとなるはずだった製造番号１６７号機はＡ６-ＥＶＡとして就航中だ（3号機は製造中止）。スカイマークはＡ３８０の発注とキャンセルも原因の一つとなり、その後経営破綻。再建支援をめぐりデルタ航空と争ったＡＮＡがＡ３８０導入を条件に債権者であるエアバスを説得したなどという噂もささやかれたりした。ドバイ空港に翼を並べるＡ３８０は、そんな日本の航空業界をめぐる熾烈な攻防戦をも思い出させたりするのである。

モザイク模様のタイルが貼られた曲線的な構造が特徴的な第1ターミナル。中央部以外に柱はなく、周囲には店舗が並んでいる。

MIDDLE EAST

空港も航空会社も急発展中

イスラム色豊かなターミナルビル

アブダビ空港 | アラブ首長国連邦

白亜で豪奢な作りの建築物が観光地にもなっているシェイク・ザイード・グランドモスク。窓の形や壁の色などが空港のデザインにも取り入れられていることが分かる。

アブダビ空港

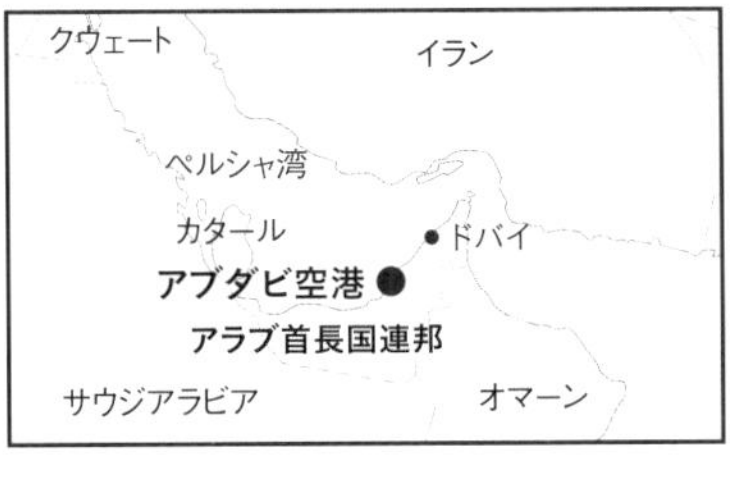

新興エティハド航空の本拠地

近年の中東の都市の発展ぶりは凄まじい。カタールやドバイなど、数十年前までは背の低い昔ながらの建物ばかりが建っていたような街に、今では高層ビルが林立。かつて紛争やテロといった危険な香りを漂わせていた地域が、世界から人が集まる観光地や欧州の富裕層向け別荘地などに姿を変えたりしているのだ。そして、アラブ首長国連邦（ＵＡＥ）のアブダビもそうした街の一つである。

アブダビ首長国の首都にあるアブダビ空港は開港が１９８２年と歴史は浅い。日本から南回り欧州行きの便がまだ飛んでいた時代だ。航空会社は中東諸国が共同で運航していたガルフエアくらいしかなく、街の経済規模も微々たるものであった。それが今ではＦ１グランプリが行われる「ヤスマリーナ・サーキット」など国際的な観光施設や高級ホテルが整備され、２００３年には自国のエティハド航空が設立されるに至った。

エティハド航空は事業規模を急激な勢いで拡大し、日本路線にも就航。日本から欧州へ向かうのにアブダビを経由するのは、昨今ではちっとも珍しくないルートとなり、私もこのルートで何度も欧州へ行ったことがある。また、アブダビから同じＵＡＥのドバイまでは車で2時間ほどの距離に過ぎないことから、エミレーツ航空直行便の航空券が高かった時に、いったんアブダビへ飛んでからレンタカーでドバイへ向かったこともある。

そんなエティハド航空は設立から20年弱しかたっていないにもかかわらず、新型機を次々に導入して世界的な知名度を誇る航空会社へ急成長。大手航空アライアンスに加盟することがない一方で、他社を買収したり資本参加したりすることで自社のパートナーネットワークを拡げてきた。こうした航空会社にはアリタリア-イタリア航空、インドのジェットエアウェイズ、欧州のＬＣＣエアベルリンと傘下のニキ航空、エアセルビア、エアセイシェルなどが含まれ、スイスのダーウィンエアラインは「エティハド・リージョナル」と社名を変えて欧州におけるコミューター事業にも進出することになった。出資比率は少ないもののヴァージン・オーストラリアにも資本参加している。

第1ターミナルの搭乗口。床にはモザイク模様のタイルが敷かれ、窓はモスクと同じような形をしている。ドーム状の天井がいかにもイスラム建築風。

こうしたことから、少し前までアブダビ空港ではアリタリア、ジェットエアウェイズ、エアセルビア、エアセイシェルなどの便が数多く見られたものだが、その後、アリタリアは運航停止こそしていないものの２０１７年に経営破綻し、同年にはエアベルリンも倒産。ジェットエアウェイズは資金難で破綻後に消滅し、エティハド・リージョナルも破綻するなど、パートナーエアラインは軒並み大苦戦。さらには、ヴァージン・オーストラリアまで新型コロナの影響で破綻してしまった。プライベートジェットのようなゴージャスなキャビン「ザ・レジデンス」を備えるエアバスＡ３８０を導入するなど、その急成長と豪華サービスで世界的な注目を浴びたエティハド航空は、正念場に立たされているといってもいいだろう。

猛禽類との同乗は普通？

エティハド航空が本拠地とするアブダビ空港は、ターミナルビルも個性的だ。ガラスを多用して自然採光する建築が世界的に流行となる中で、砂漠地帯の強い日差しを遮るためか、アブダビ空港ではガラスがあまり使われていない。屋外は灼熱の暑さでも、ターミナル内はエアコンが効いていて快適に過ごすことができる。

ファースト／ビジネスクラスのチェックインカウンターは床に白色、壁にこげ茶色を配した上品なインテリアが印象的で、これはエティハド航空のラウンジやバーなども同様の配色で統一されている。

チェックインカウンターでは、シーツをかぶったような「トーブ」や「カンドゥーラ」と言われる民族衣装を着た男性が腕に猛禽類の鳥を乗せたまま手続きしたりしていて土地柄を感じさせる。中東系航空会社の中には、頭巾をかぶせておけば鷹やハヤブサの機内持ち込みを認めている社も多く、エティハド航空の場合、ハヤブサは手荷物許容量の範囲内であれば無料で1羽の持ち込みが可能。ファースト／ビジネスクラスでは一人当たり2羽、座席を追加購入すれば3羽となっているので、猛禽類の持ち込みは当地では珍しいことではないのだろう。

このターミナルで目を惹くのが、開港当時からあるターミナル1の搭乗待合室。円形で壁から天井まで続く細かいタイル貼りの曲面がアラブ的でエキゾチックな雰囲気を醸し出す。写真を見れば分かる通り、中央にある1本の柱のほかに曲線を描く天井と壁で強度を保つ構造となっている。モザイク模様のタイルデザインはアブダビ特有のものではなく、私が旅をしたことのある国だけでも、アラブ諸国のほかにウズベキスタンやモロッコなどのモスクでも見られた。偶像崇拝が禁じられているイスラム世界におい

上級クラス専用ターミナルの車寄せ。エティハド航空のロゴが誇らしげに掲げられている。

チェックインカウンターで手続きしているのはハヤブサを腕に乗せた民族衣装の男性。鳥に頭巾をかぶせていれば、このまま機内へ乗り込むことができる。

半月型の管制塔は他の空港では見られない非常に特徴的なデザイン。空港の周囲は砂漠で、荒涼とした風景が広がる。

ては人物や動物を描くことができないことからこうしたデザインが生み出され、「イスラム模様」などとも呼ばれるようになったそうだ。幾何学模様、植物模様、文字模様などの種類があり、アブダビ空港で採用されいるのは幾何学模様である。

　椅子と免税店はあるものの、独特の装飾に圧倒され壮大なモスクにいるような気分にさえなる待合室だが、シンプルでモダンなチェックインカウンター付近とは大いにギャップがあるのが面白い。そして、この先にある搭乗口前の待合室も同様に円形の空間となっているものの、こちらは間接照明が映える白亜の壁でずいぶんと印象が違う。ただし、窓の形状やブルーのタイルが敷き詰められた床はモスクのデザインを踏襲したもので、宗教と文化が空港建築と混然一体となっているのは中東ならではだと感じる。日本で例えるならば空港ターミナルが神社風や寺院風、あるいは城郭風のデザインになっていると例えれば分かりやすいが、日本での現実化は難しそうだ。

　ターミナルからガラス越しに外を眺めると、長さ4100mの2本の平行滑走路の間に管制塔が建っており、コントロールルームを支える支柱の曲線的な構造はまるでアラブの半月刀のようだ。撮影意欲をそそられるデザインだが、無頓着に空港施設を撮っているとトラブルになる恐れがあるのはドバイと変わらない。

　一貫性がないのもドバイと同様だ。ある時、到着機を狙おうと空港に隣接するケータリング工場の横に車を止めて目立たないように撮影をしていると、工場職員らしき男性が現れて声をかけてきた。「これは注意されるな」と思わず身構えたところ、「工場で余ったからあげるよ」と手渡されたのはパンである。知らない人からいきなり食べ物を差し出されてすぐさま信用するのもどうかと思ったが、人相や表情に怪しさは感じられない。さらには空腹にも負けてありがたくいただくことにしたが、結果的には何の問題もなかった。とはいえ、食べ物も撮影も中東では当然自己責任が原則と考えなければならないので、当地への旅行を考えてい

第1ターミナルのゲート付近を外から眺めると、円形の待合室は内装とは印象が全く異なり、まるでUFOのよう。

る人はくれぐれもご注意を。

アブダビ空港には最新の「ミッドフィールドターミナル」が新たに完成した。A380対応スポットを含む65機が駐機できる巨大なビルで、本来ならば2020年に供用を開始する予定だったが、コロナ禍により遅れが生じている模様だ。本稿を執筆している同年秋の時点で供用開始のスケジュールは明らかになっていないが、建物の中央部にモダンな吹き抜けのある完成予想図が発表されている。コロナ禍が終息したら、ぜひ見に行きたいターミナルである。

近年、中東近辺では新空港が相次いで誕生している。2014年にはドーハ、2018年にはイスタンブールに新空港がオープンした。発着容量は急増を続け、それに伴って航空会社も急速な発展を遂げてきたわけだが、そこに冷や水をぶっかける形となったのがコロナ禍だった。エティハド航空も超豪華仕様で話題を呼んだA380の運航を休止するなど大きな影響が出ている。この先、アブダビを含む中東の空港や航空会社がコロナ禍からどう立ち直っていくのかも見守ってゆきたい。

LINES
JAL

PACIFIC

大地が火を噴くビッグアイランド

溶岩流の上にある空港

コナ空港　アメリカ・ハワイ州

溶岩台地に作られた滑走路に着陸するJALの767。青い海と荒涼とした溶岩流の跡とのコントラストが強烈だ。

空港名の由来は日系人宇宙飛行士

日本からの旅行者が桁違いに多いハワイ。州政府観光局のデータによると、コロナ禍前の日本～ハワイ間の航空会社の提供座席数は毎年約200万席にも上ったという。就航航空会社もJAL、ANA、ハワイアン航空、デルタ航空、ユナイテッド航空、大韓航空、エアアジアXなど多彩な顔ぶれだ。ANAはエアバスA380を特別塗装のハワイ線専用機「FLYING HONU」として投入、シンガポールのLCCであるスクートは関西～ホノルル線から撤退してしまったものの、JAL傘下の新LCCであるZIPAIRがハワイ就航を目指すなど、話題には事欠かない路線だ。

もっとも、各社が熾烈な競争を展開しているのはホノルル線の話。日本から行けるハワイの就航地はもう一つあって、それがハワイ島のコナである。ハワイ島はハワイ諸島最大の島で、コナ空港はその玄関口だ。激戦区のホノルル線とは違い、日本からコナへ直行便を運航するのはJALとハワイアン航空だけ。1996年に開設されたJALの成田～コナ線は経営破綻に伴う路線再編で2010年に運休してしまったが、2017年に復活を遂げた。またハワイアン航空は2016年から羽田～コナ線に就航している。

コナ空港の正式名称は「エリソン・オニヅカ・コナ国際空港」という。空港名の由来となったエリソン・オニヅカ氏はコナ出身の日系三世で、アメリカ初のアジア系宇宙飛行士として活躍した人物だ。1985年にはスペースシャトル・ディスカバリーに搭乗して宇宙飛行に参加し、翌年にはスペースシャトル・チャレンジャーに搭乗して再びミッションに参加したが、多

フラダンスとハワイアンソングで到着客をお出迎え。こんなもてなしを受ければハワイへ休暇で来たことがすぐに実感できるはず。

コナ空港

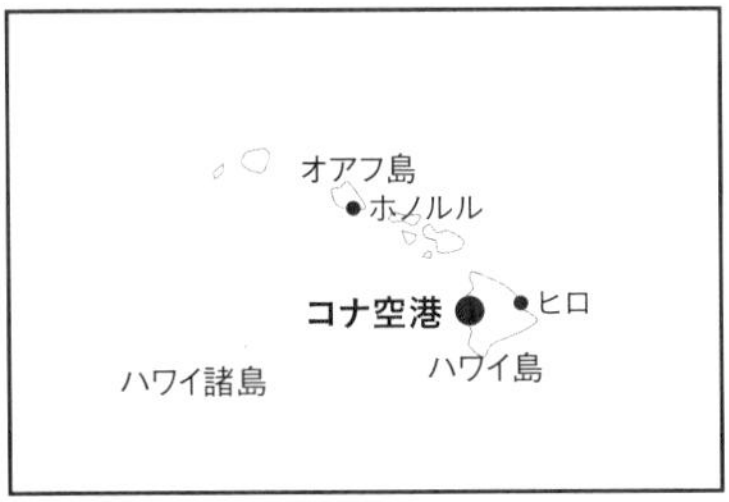

くの関係者や見学者が見守る中でチャレンジャーは打ち上げ直後に爆発事故を起こし、悲運にもオニヅカ氏は殉職してしまった。享年39歳だった。

　そんなオニヅカ氏の功績を称えて２０１７年に現在の空港名に改称されたのがコナ空港。同じハワイではホノルル空港も２０１７年に「ダニエル・Ｋ・イノウエ国際空港」に名称が変更されている。イノウエ氏は第二次世界大戦中は勇猛を誇る米陸軍の日系人部隊（第４４２連隊戦闘団）で活躍し、戦後は日系人初の上院議員となった立志伝中の人物だ。歴史的に日本とはきわめて縁の深いハワイとはいいながら、日本から直行便が就航する二つの国際空港がともに日系人の名前を冠しているのは、日本人としてもちょっと誇らしい気分になる。

　もっとも、ホノルル空港とコナ空港とでは随分と趣が違う。リゾートらしいサンゴ礁の海に滑走路が伸びるホノルル空港に対して、コナ空港は溶岩台地上にあり、周囲の荒々しい風景は他の空港に例を見ない。

　ハワイ島には有名な活火山であるキラウエアが聳え、２０１８年には噴火に伴う溶岩流で集落が消滅したりした。キラウエアはたびたび噴火を繰り返しているが、空港もかつて溶岩が流れたことのあるエリアにあり、周辺の地面は真っ黒な溶岩で覆われている。そのため空港建設は困難を極め、ダイナマイトで溶岩を爆破しながらコンクリートの滑走路を敷設したのだという。よくぞこんな場所に空港を作る気になったものだと感心してしまうが、島の西側は溶岩台地を除けば平地が少ないため、コナの街の近くで空港を作るにはこの場所しかなかったのであろう。２０００ｍの滑走路が完成してコナ空港が開港したのは１９７０年。しかし、２０００ｍの滑走路ではハワイ州内の路線以外を運航するのが難しかったため、その後３３５３ｍまで

コナに行くなら、ぜひ見てほしいのがハワイアン航空のボーイング717。マクドネル・ダグラス社時代にMD-95として開発され、ボーイングに吸収されて機種名が変わった世界的にレアな機種だ。

管制塔周辺も真っ黒な溶岩で覆われている。溶岩台地を爆破しながらの滑走路建設は大変な作業だったようだ。

アメリカの空港らしく広々とした車寄せ。その向こうにある三角屋根の独立した建物にはそれぞれチェックインカウンターがある。

手荷物受取場がある建物の中は柱が少なく広いのでワイドに活用できる。柱は焦げ茶色で木のようにも見えるが、実際は塗料を塗った鉄骨だ。

屋外にある搭乗ゲートと駐機場の境目は溶岩と植栽で隔てられている。飛行機までは徒歩での搭乗となり、南の島の雰囲気満点。

滑走路を延長し、アメリカ本土や日本までワイドボディ機で就航できるようになった。

私は撮影場所を探すため空港北側にあるケカハ・カイ州立公園の道路を車で走ったことがあるが、左右は黒々とした溶岩だらけで、ところどころ枯草が生える程度の荒れ地だった。一度溶岩に飲み込まれると、作物が育つ地面になるのは100年単位の長い年月がかかるのだろう。火山の影響の大きさをまざまざと見せつける光景であった。

ここは一般車が走れる道路ではあったが、コンクリートの道路にもかかわらず、溶岩の上を無理やり舗装したためか凹凸が多く、ついにはレンタカーがパンクしてしまった。溶岩流の黒い地面は足元も悪く怪我をする恐れがあるため立ち入らないようにとの注意を受けたので滑走路端に近づくこともできず、はるか遠くに管制塔が見えるだけだった。それでもアメリカの空港には展望デッキがないのが普通なので、飛行機写真を撮るには外周でポイントを見つけるしかない。こうして撮影ポイント探しに苦労しながら、使用したダイナマイトの量が１４００トンにも達したという最初の滑走路建設の苦難にも思いが及んだ。

広がる絶景！圧巻のヘリツアー

ターミナルの建物が個性的なのもコナ空港の特徴だ。古いハワイスタイルの茶色い屋根を持つ建物はすべて平屋。ローカルなハワイらしさを感じてもらうために、あえて大きなビルにしなかったらしい。柱の上に大きな屋根がのっているような建物は壁が少なく基本的にオープンエアがほとんど。南国ゆえ気温が高く湿度もそこそこあるが、そこは「アイランドスタイル」と割り切っている。

搭乗ゲートもオープンエアで実に開放的だ。航空券を改札する搭乗口付近を除けば屋根も設置されていない。駐機場との境界では無機質な金属柵の代わりに溶岩がフェンスの役目を果たしており、南国の木々や花が植えられているので、到着から出発までリゾート気分を満喫できるという趣向。屋根が少ないので実際には雨が降ったら少々厄介ではあるのだが、これもハワイらしい体験と思って楽しむほかない。

前述のようにターミナル施設の建物はすべて平屋なので、搭乗口もグラウンドレベルにある。当然ながら搭乗橋はなく、乗客はランプエリアを徒歩で飛行機へ向かうことになる。日本でも離島の空港ならばオープンエアでのボーディングが一般的だが、搭乗するのは多くがＡＴＲ42やＤＨＣ-８といった小型のプロペラ機だ。コナの場合はそれがエアバスＡ３３０やボーイング７６７といった中型ワイドボディ機、それも国際線機なのだから雰囲気はまったく違うし、コナならではの体験として思い出にも残る。

コナ空港では現在、ターミナルの近代化プロジェクトが進められていて、集中型セキュリティエリアを設

ヘリコプター上より間近で見たキラウエア火山の火口。噴煙とマグマが噴出しているのが見え、この高度でも熱を感じることができる。

溶岩流が海へと落ち込んで冷え固まった場所をヘリコプターから眺める。彼方まで広がる黒い大地に自然の驚異を感じる。

置するなどの工事が行われているので、完成後は多少イメージが変わる可能性もあるが、茶色い屋根のチェックインカウンターエリアやオープンエアの搭乗口は今まで通り残るようだ。

コナ空港があるハワイ島は「ビッグアイランド」とも呼ばれる。その名の通り島の大きさは四国の半分程度に達するほどで、コナ空港は島の西側に位置している。島の東側にはヒロ国際空港があり、滑走路は２本あるものの旅客便はユナイテッド航空とハワイアン航空しか乗り入れていないため、実質的には国内線空港として運用されている。

ハワイ島はホノルルと違うローカルな街並みや豊かで静かな自然を満喫でき、さまざまなアクティビティが用意されているのが魅力だが、飛行機好きとしては島の絶景を見ることのできるブルーハワイアン・ヘリコプターのツアーをおすすめしたい。

ヘリコプターでフライトするだけでも楽しいが、１０００℃を超えるというオレンジ色の溶岩を噴き出すキラウエア火山の上空を飛び、黒々とした溶岩流の跡や月面のような不毛の地が広がる様を間近から眺められるのは圧巻である。キラウエア火山の西側にあるカラパナ地区は噴火により集落が消えて海まで一面黒い溶岩台地が広がっており、火山の力の凄まじさを視覚的に感じられる。ちなみにこのツアーは、トラベルチャンネルの投票で「世界のヘリコプターツアーで最もスリルがあるフライト」にも選ばれている。ヘリコプターの操縦を少し習ったことのある私の場合、「キラウエア火山の上やビーチがない溶岩の海岸線でエンジンが停止したら死ぬな」というパイロット目線でのスリルも感じた。

フライトの後半はヒロ空港から海岸線に沿って北へ進むが、こちらは対照的に緑あふれる自然保護区となっている。深い谷から緑の尾根へ一気に駆け上がったり雄大な滝が流れ落ちる様子を見たり、多用な顔を持つハワイ島の絶景をとことん堪能できるはずだ。私は他にもナイヤガラ滝やグランドキャニオン、あるいはニューヨーク、ロサンゼルス、ラスベガスといった都市部でもヘリコプターツアーを体験したことがあるが、一人５９９ドルと若干高額なハワイ島のフライト料金は支払うだけの価値があるものと思っている。

PROFILE

チャーリィ古庄

Charlie FURUSHO

旅客機専門の航空写真家。国内外の航空会社に勤務後、2001年より航空写真家として独立。国内外の航空会社、空港の契約カメラマンとして広報宣伝写真撮影、カメラメーカー主催の航空写真セミナーの講師なども行っている。
旅客機が撮れるところなら世界中どこでも撮影に出向き、これまで100を超える国や地域の500か所以上の空港を訪問。世界で最も多くの航空会社に搭乗した「ギネス世界記録」を持つほか、軽飛行機の操縦資格も所持。『世界のビックリ空港探訪記』『世界の旅客機捕獲図鑑』『WORLD JET TOUR』(いずれもイカロス出版)など、旅客機関連の著書、写真集は30冊以上。成田空港さくらの山さくら館フライトショップ・チャーリイズオーナー。ヘリコプターオーナー。
Canon　EOS学園航空写真教室講師。2016年伊勢志摩サミット、2020年G20サミットVIP機公式記録カメラマン。
WEBアドレス:www.charlies.co.jp

ギネス認定カメラマンが各国を歩いた、撮った!

世界の絶景空港撮りある記

2020年12月10日　初版第1刷発行

著者:チャーリィ古庄
発行者:塩谷茂代
発行所:イカロス出版株式会社
〒162-8616 東京都新宿区市谷本村町2-3
編集部:03-3267-2734
営業部:03-3267-2766
装幀・本文デザイン:木澤誠二
印刷・製本:図書印刷株式会社

ISBN978-4-8022-0961-8